新潮文庫

よみがえる力は、どこに

城山三郎著

新潮社版

10694

よみがえる力は、どこに　目次

協力　神奈川近代文学館／文化のみち二葉館

よみがえる力は、どこに

よみがえる力は、どこに

1　魅力ある人間の育て方

いま現在がそうであるように、大変な時代というのはしばしば予告もなしに、われわれに襲いかかってくるものです。それは容赦もなく、あっという間に、あるいはじわじわと、呑気《のんき》に暮らしていたわれわれを、非常に困難な状況へと突き落とします。

でも、そんなことは珍しいことではありません。例えば、終戦直後だってそうでした。若い世代や働き盛りの世代が、壊滅状態になった日本をどうにかして立て直さなくてはいけないという気持で、難局を切り抜けたのです。しかし、満ち足りた時代に育ってきた世代は、危機感というものを持ちえるのか。これまでは苦しい時代だからこそ、人材は出てきたけれど、今度の苦しい時代にもはたして人材は出てくるものだろうか。高村光太郎の詩に「僕の前に道はない　僕の後ろに道は出来る」という一節がありますが、まさにそういう具合に決まりきった道を行かずに、道なき道を自ら切り拓《ひら》いていく人材は出てくるものでしょうか。

厳しい時代の中から、社会なり企業なり、あるいは人間なりがよみがえるとは、どういうことだったか、私の乏しい知見の中から話してみたいと思います。それは結局、私がこれまで惹《ひ》かれてきた魅力ある人間の生き方を紹介する、という試みになるのかもしれません。私は軍隊へ行った体験から、組織そのものを信じていないものですから、強い人間の力が組織をよりよい方向に動かす、あるいは組織を乗り越えていく、と考えたいのです。そしてその力が、少しずつでも、時代なり社会なりをよみがえらせていく——私は、そんなふうに思っています。

では、最初の話題として逆説的ではありますが、魅力のない弱い人間を育てるにはどうすればいいのでしょう？　どんな教育をすると魅力のない人間ができあがるのか？

以前私は、教育問題をテーマに『素直な戦士たち』という長篇小説を書いたことがあります。この作品を例にとって話しますと、ある若い女性——彼女が主人公ですが、将来生まれてくる自分の子どもにとって、何が一番幸せかを考えた。それは子どもが大きくなって社会へ出た時に、どんな職種にでもつけるような選択の自由を持たせてあげることじゃないか。彼女は、そう結論したわけです。では、どうしよう？　子どもが将来、商社マンにでもタクシーの運転手にでも、浮浪者にでも弁護士にでも、大蔵省の官僚にでも中小企業の親父《おやじ》にでも、おでん屋にでも新聞記者にでも、希望する職業につけるためには、今の日本では東大法学部へ入るのが一番いいだろう、それがわが子が最も自由に幅広い選択ができる道だ、と彼女は考えました。

子どもを東大法学部に入れるために、彼女はいろいろ調べ、具体的な行動に移し始めます。面白いことに、まだ、この段階で彼女は子どもを産んでもいないのです。どんな高校に行けばいいか。そのためにはどんな中学校に、小学校に、幼稚園に……とさかのぼっていき、「三歳を過ぎると遅すぎる」という理論もありますから、赤ちゃんの時はどうするか、さらにはどういう男と結婚し、どういうセックスをすればいいかまで調べていきます。頭のいい子を産むためにどうすればよいか、いろんな統計が載っている本が実際にあるのですね。私はその手の教育書、育児書をずいぶん読んで、作品の資料としました。私の小説の主人公もそれらを熟読します。

二十五歳だったか、頭のいい子が一番生まれやすい母親の年齢という統計もあるのです。だから、二十三歳の後半くらいから見合いをして、相手を物色しはじめる。どんな結婚相手がいいかというと、〈学歴はなくても知能指数が高くて、仕事に情熱がなく、趣味もない男〉なんですね。学歴は遺伝しませんけれど、知能指数は遺伝しますから、彼女は見合いの席で、「あなたのＩＱは、おいくつですか」なんて訊《き》く。そんな努力の結果、狙《ねら》い通りの男と結婚し、狙い通りに男の子が生まれます。そして食べ物なんかも、あれこれ計算して食べさせる。彼女はすべて理論の裏付けがある行動をするのです。

他にも例えば、家に置く時計をどうするか。今は普通、デジタルの時計ですね。あれだと、数字さえ覚えれば、何時何分かわかる。それでは、いけない。針の時計だと、時間を見るだけでも、引き算や足し算、いろいろと頭を使う。それも電池仕掛けではなくて、ゼンマイのものがいい。ゼンマイの仕組を覚えることは役に立つ。もっと言えば、振り子の時計がいい。振り子の運動についても理解できるようになるだろう。振り子って何かなと疑問に思えば、思考能力が発達するだろう。家に置くのがデジタルの時計と振り子の時計とでは、子どもの頭に大きな差が出る——そんな理論も実際にあるのです。でも、今なかなか振り子の時計って、売っていません。そこで旦那《だんな》さんに頼むわけです。ここで「明日はゴルフだよ」「こんなに仕事が忙しい時に買物になんか行けるか」、そんなふうに言われないために、亭主にするなら仕事の情熱も趣味もない男がいいのです。彼女にとって唯一《ゆいいつ》の誤算は、年子で次男が生まれてしまったことだけ。次男は、長男とちがって、「生きていればいいや」とばかりに放任します。

この小説を、私はユーモア小説のつもりで書き始めました。女主人公を突き放して、ある種の滑稽《こっけい》感が出るかなと思っていたのですが、わが子のために必死な思いで行動する――化粧もしないし趣味も持たず、教育費を稼ぐために働きにも出る――彼女にだんだん情が移ってきて、ずいぶん親身に付き合ううちに、重いというか悲劇的な結末の小説になってしまいました。結局、彼女の長男はおかしくなってしまうのです。

新聞の連載小説だったこともあって、読者の投書を数多く貰《もら》いました。私の読者は、いつもは忙しいサラリーマン層が中心なものですから、あまり読者からの感想の手紙って貰わないのです。たまに来たと思うと、抗議文だったりして。しかしこの『素直な戦士たち』は、毎日身につまされて読んでいた女性読者が多かったのでしょう、「あんなに一生懸命やっていたのに、可哀《かわい》そうです。彼女は一体何が悪かったのですか?」という投書がけっこうありました。

そう、彼女は一生懸命だし、理論の裏づけもあるし、しかも無私の精神で、子どものために自分を殺して、東大法学部に入れようと頑張っていた。涙ぐましい努力をした。夫も協力した。でも、間違いだらけだったのですね。親と子どもは違う世界で生きているのだ、という認識が全くなかった。「東大法学部に入れれば、自由な選択肢を得られて幸せだ」と信じていたのだけれど、それは自分の設計した世界に子どもを引き込んだだけにすぎない。本当の愛情ではないし、ましてや教育ではない。飼育ですね。彼女は強く深く思い込んでいるだけに、子どもの生来の姿や社会の成り立ちは死角になって、気がつかなかったのです。彼女は〈受験〉というピン・ポイントに大きな虫眼鏡を当てて、道を歩いているようなものです。そして一緒に歩いている子どもに目隠しをして、手をつないで先導している。それでは交通事故に遭いますよ。ここで父親が違う役割を担《にな》っていたら、「おい、おい」と注意もできるのだけれど、もう一蓮托生《いちれんたくしょう》になってしまっている。

本当は、父親の役割は母親と違わないといけないんですね。矢野寿男《としお》さんという教育評論家に『親を見りゃボクの将来知れたもの』という子どもたちの川柳や戯《ざ》れ歌を集めた本がありまして、子どもたちはよく見てるなあと感心させられるのですが、中に「家庭とは父厳しくて母優しそれでいいのだウチは違うが」なんて歌がある。「ちっぽけな小言が多く母二人」という川柳もある。父親と母親の役割が一緒になっているわけです。やはりそれではいけない。実例として、一人の父親を紹介しましょう。

作家の村上龍さんのお父さんは、九州の高校の先生なんです。龍さんは高校時代にぐれて、警察の世話にもなり、やがて故郷を捨てるように東京へと出て行きます。お父さんにしてみれば、面目も潰《つぶ》されたし、腹立たしいし、心配だしというところでしょうが、とにかく彼は東京の龍さんへ葉書を出し続けたというのです。それも叱責《しっせき》とか心配とか愚痴を書くわけではなく、別に何でもない、「最近こんなことがあった」と報告するだけの葉書。毎週毎週、実に七年間、何百通も出し続けた。お父さんも偉いのですが、龍さんも偉いなあと思うのは、これに一度も返事を出さなかった。

でも、お父さんからの信頼はたっぷり伝わったと思うのですね。これが父親の愛情表現だなあ、と私は感じます。母親だと、葉書を三回くらい出しても息子から返事がなかったら、「何してるの、なんで返事を寄越さないのよ」って電話がかかってきそうです。実は、学生時代の私の母親がそうでした。男の子は、それも大学生になると、郷里の親からの手紙なんて、読むにはしても、つい放っておきますよ。龍さんのお父さんは、息子から返事がなくても全く意に介さなかったのです。

『素直な戦士たち』の話に戻りますと、まあ、主人公のように自分の子どもについ過度に期待する気持はわからないではありません。

例えば、テレビで「五つ子ちゃんの成長」みたいな番組をやっていると、五つ子それぞれの個性に目が行きますよね。引っ込み思案な子もいれば、走りまわる子もいるし、みんなの世話をしようとする子もいる。運転手になりたい、なんていう子もいます。「ああ、かわいいな、みんなの生まれつきの性格にふさわしく育ってほしい、自分の希望するまま大きくなってほしいな」なんて素直に思うわけですが、ところが自分の子どもに限っては、そういう具合にできない場合が多々あるのです。つい、「もっと、もっと」と願ってしまう。

私の知り合いに関西の成金の人がいまして、競走馬を百五十頭持っているんです。血統を三代さかのぼって調べて、優秀な血統同士をかけ合わせて、生まれたらすぐに有名な調教師につける。それでも、まだ一頭も大きなレースに勝てないでいる。大金をつぎこんでそんなに統計と調査とケアをしてもダメ。人間の場合だって、同じです。自分の子どもだから大レースを走らせようと思っても、走るわけがない。そう思っておけばいいんじゃないでしょうか。大体、いい大学に入ればいいってものではないですし。

こんな実話もあります。ある超一流会社がこの春百人採用して、七月までに三十人辞めて、しかも表向きにはしてないけれど三人が自殺したというのです。当然、いい大学からエリートばかりを集めていたのですが、来年から採用方針を変えるそうです。つまり、〈受験また受験〉で来た若者には、免疫《めんえき》や耐性がないのですね。彼らはこれまでの人生、進学校や塾などで、友達も教師も選んできた。余計な人やダメな人とは、付き合って来なかった。ところが、就職するというのは、何より「人間関係を選べない」ということなのです。取引先だけではなく、彼や彼女から見ると下らない上司や同僚と付き合わないといけない。だから、子どもの頃にダメな先生と出会っていたほうが、大人になってみるとむしろ有難いわけです。受験向きの授業が下手な先生や、成績や素行が悪い同級生にも、深い人間的魅力を持っている人はいるはずですね。そこから吸収できる人生の栄養を、受験エリートは得ないまま大きくなってしまった。経験がないと、大人になってからでは、なかなか吸収の仕方もわからないでしょう。本当は、気に食わない人間とも嫌々でも付き合ったり、従ったりするうちに、ふと別の面が見えてきて、親しくなったり、何かを得たりするものです。

また、エリート育ちほど完全を目指すし、自分は完全にできると思ってしまうから、失敗すると挫折《ざせつ》感が大きい。成績が上がったり下がったりする子どもの方が、大会社や官庁で生き抜くのに向いているそうです。打たれ強くないと、これからの時代は生きていけない。

ともあれ、子どもにとっては、向き不向きや性格もあるのだから、何もいい学校、いい企業に行かせればいいというものではないのです。むろん、親がつい盲目的に子どもを思ってしまう気持はわかるので、私も『素直な戦士たち』の主人公を突き放せなくなったのですが――。

このあたりの親子関係の機微を、『かもめのジョナサン』の作者リチャード・バックが私に語ってくれたことがありました。

彼とはアメリカで対談をしたのですが、私が何の気なしに「お子さんはいるの？」と訊いたら、「イエス・アンド・ノー」だと言うのです。

「何ですって？」

「いや、何もはぐらかしているわけじゃないんだ。僕は離婚した妻との間に何人か、子どもがいる。だから、生物学的にはイエス。でも、彼らはまだ小さいから、精神的には親子になれていない。その意味ではノーなんだ。僕はまだ彼らがどんな人間なのか、判断がつかない。彼らもまだ、僕がどんな人間かわからないだろう。やがて、彼らが『ああ、父親はこんな人間なのか』と理解して、僕も彼らを深く知って、それで初めて僕らは親子になるんだ」

バックさんはさらに、「親子の断絶というものは最初からあるんだ」と言っていました。そもそも親子はお互いに違う世界に住んでいるものなんだと認識して、わかりあえて、初めて断絶が埋まる。「子どもが成長するように、親も成長するんだ」とも言っていました。だから、親の意見や人生観を押しつけたり、子どもがそれに反抗するうちは、まだ本当の親子じゃないんですね。違いはあって当然で、その違いを認め合うことで、ようやく真の親子になる。これは『素直な戦士たち』の主人公の家庭とはまるで違うありようで、魅力ある親子像ですね。覚えておいていいかもしれない考え方です。

2　ふたりの若き兵士たち《ヤング・ソルジャーズ》

別にバックさんの身の上ばかり訊いていたわけではないのですが、彼の年齢もたずねてみました。すると、やはりストレートな答え方はせずに、

「年齢を考えたこともないし、年をとるとも思っていない」

なんて言う。女優が年齢を言いたくないのならわかりますが、男の作家がそんな答え方をするのは何故《なぜ》なのかなと思って、重ねて訊くと、面倒くさそうに「年齢なんか、ただの数字《ジャスト・ア・ナンバー》じゃないか」と言うのです。

「四百七十三歳の青年もいれば、十七歳の老女もいるんだから、僕はただの数字に関わりたくないいんだ」

これも味のある、面白い考え方です。

私はこのジャスト・ア・ナンバーという言葉から、元国鉄総裁の石田禮助《れいすけ》さんの有名なエピソードを思い出しました。

三井物産の代表取締役を務めた著名な財界人が数え七十八歳で国鉄総裁になったのですから、マスコミの注目を集めていました。その最初の記者会見で、石田さんは「僕は、ウォーム・ハートを持ったヤング・ソルジャーだよ」と胸を張った。彼は商社にいた三十五年のうち二十八年も海外生活を送ったので、パッと英語が出たわけです。ともあれ、七十八というのは僕にとって数字でしかない、と宣言したに等しい。その言葉通りに、元気というか骨太に、六年間の国鉄総裁職を勤め上げます。

では、総裁なのにゼネラル（将軍）ではなく、ソルジャー（一兵士）と自称したのは何故かというと、〈自ら犠牲になって耐え抜いて働くんだ〉という覚悟からです。いろいろアメリカの人間に訊くと、英語のソルジャーという言葉にはそんなニュアンスがあるのですね。兵士といっても、言われるまま――政府や国会に言われるまま――やっていくんじゃない、自らの意志で死地に飛び込む覚悟でやるヤング・ソルジャーだと石田さんは言いたかった。

そして、国会の運輸委員会に初めて出た時の自己紹介は、「生来、粗にして野だが卑ではないつもりです。丁寧な言葉を使おうと思っても、生まれつきできない。無理に使うと、マンキー（山猿）が裃《かみしも》を着たような、おかしなことになる。無礼なことがあれば、よろしくお許し願いたい」

というものでした。そして、国会議員に対して、「国鉄が今日のような状態になったのは、諸君たちにも責任がある」と実に正確なことを言い放ち、彼らに答弁する際には、「何々先生」ではなく、「何々君」と呼びました。

これは魅力のある人間だなあと、私は石田さんの伝記（『粗にして野だが卑ではない』石田禮助の生涯』）を書こうと思い立ち、取材を始めました。例えば石田さんの下で副総裁を務めた磯崎叡《さとし》さんは、「ずいぶん多勢の人に仕えたけれど、あんなに気持のいい人はいなかった。毎朝、石田さんに会うのが愉《たの》しみだった」と言うのです。会社勤めの方ならつくづく思われるでしょうが、会うのが愉しみな上司って、なかなかいないですよ。

これは石田さんの、年齢をジャスト・ア・ナンバーにした生き方の反映だと思います。常に昨日と違う顔を見せる、部下にとって刺激的な上司でありつづけたから、会うのが愉しみになるわけですね。〈日々新面目〉って言葉がありますが、石田さんこそまさにそういう男でした。毎日毎日を、新しく生きた。

例えば、石田さんが好奇心が強い人だったということもある。好奇心は、さまざまなものを吸収して、日々を新しく、若々しく生きるためには不可欠ですね。何も知的好奇心だけでなく、映画を観《み》に行くといった、ごく一般的な好奇心でもいいんです。石田さんは映画好きで、土曜日は当時半ドンですから、午後になると国鉄本社を出て、よく銀座の――ロードショー館でなく――二番館へと出かけて行ったそうです。混んでいたら、「これも運動だ」と立ち見も平気。ハイカラでいつも洋書ばかり読んでいた石田さんが好んで観たのが、勝新太郎主演の「座頭市」シリーズでした。あの主人公は座頭、つまり目が見えませんね。「そんなハンディキャップがありながら、死なないで、最後には必ず悪い奴《やつ》らをやっつけるのがいい」というのです。

勧善懲悪の時代劇なんて、どれも似たり寄ったりの感じがするのですけども、ところが「水戸黄門」は好きじゃない。

「印籠《いんろう》を見せて、威張るのは、肩書きや権威を笠《かさ》に着ているからおもしろくない」

石田さんに言わせると、黄門さまは副将軍かも知れないけど、卑なんですね。座頭市はまさしく粗にして野だが、卑ではないんです。

むろん、好奇心旺盛《おうせい》や権威嫌いなだけでなく、副総裁に向かって、

「日常の仕事は、すべてきみに任せる。きみのいやな仕事は全部おれが引き受ける」

などとも言い、実際にそうしてみせる。これでは、部下の磯崎さんが心酔するのも

当然でしたでしょうね。自ら戦地で先頭に立って耐え抜いたわけで、ヤング・ソルジャーという言葉は伊達《だて》じゃない。

石田さんは、水戸黄門の印籠が嫌いなくらいですから、国家からの勲章を拒否し続けました。亡《な》くなった後、勲一等叙勲という話があった時も、未亡人が「やめて下さい。主人はあれほどいやがっていたのですから」と断りました。

「あれほどいやがった」というのは、すでに国鉄総裁在任中に、やはり勲一等の話があったのです。この叙勲話は「総裁の椅子《いす》にぜひ座ってくれ」と懇願した池田勇人《はやと》総理大臣の強い意向でしたが、石田さんは頑《かたく》なに断り続けます。最初は黒金泰美《やすみ》官房長官が「総理がどうしても貰ってくれと言ってます」と何度も足を運び、続いて磯崎副総裁が「社会主義者でもないでしょう?」なんて言いながら迫ったのですが、「おれはマンキーだよ。マンキーが勲章下げられるか。そんな姿、見られたもんじゃないよ」と拒み通した。磯崎さんは説得が不首尾に終わったことを総理に伝えに行きました。私は、このエピソードに、石田さんがマンキーとして生きてきたプライドや心意気を感じて、打たれるのです。

そんな石田禮助が総裁を退くにあたって記念品を貰い、大喜びするのです。どんな品かというと、ひとつは東京駅長の帽子。ノン・キャリア組の頂点のシンボルですね。

ノン・キャリアの人たちの抜擢《ばってき》人事を始めたのは石田さんでした。もうひとつは、「船員一同」から贈られた青函《せいかん》連絡船のモデル・シップ。石田さんは青函トンネル建設を採算上の疑問から反対し、かつ安全確保のために全《すべ》ての連絡船をグレード・アップしたのです。この二つの記念品は、勲章を拒否した石田邸の一番いい場所に今も置かれています。

国家からの栄誉を拒否したもう一人に、大岡昇平さんがいます。私が尊敬する先輩作家で、また『落日燃ゆ』の取材の際、断固取材拒否だった広田弘毅《こうき》のご遺族へ仲介を――大岡さんは広田の長男と小学校以来の親友でした――して下さるなど、お世話にもなった方です。

大岡さんは三十代半ばの老兵として召集され、それこそ文字通り一兵卒としてフィリピン戦線に出され、ろくに武器も食料もない、きわめて悲惨な負けいくさを戦って、やがてマラリアに罹《かか》り、レイテの俘虜《ふりょ》収容所で終戦を迎えました。そのあたりの経緯は『俘虜記』や『レイテ戦記』といった作品に詳しく書かれています。

軍隊に入るということは、私にも経験がありますが、何もかも奪われるということです。情報がない、自由がない。肉体的自由だけでなく、抗弁できず、絶対的服従を強いられるのですから、言論の自由もない。戦地では、弾薬も食料もない。こういう経験をして復員して来ると、自分をそんな目に遭わせた体制への腹立ちもありますが、同時に、二度と同じことを起こしてはダメだという思いを根強く感じるようになります。

そういう元兵士として、戦後の大岡さんを貫いているのは反権威の姿勢なのですね。大岡さんが晩年書かれていた日記スタイルのエッセイ集に『成城だより』という本があります。成城にお住まいでしたから、そんな題名なんです。当時大きな話題になっていた「地獄の黙示録」というベトナム戦争を描いた映画について調べたり、「じゃりン子チエ」を始めとする人気漫画を読んだり、中島みゆきやＹＭＯなど流行《はや》りの音楽を聴いたり、七十歳を越してなお新しいものへの好奇心旺盛な生活ぶりが伺えます。しかしその行間から匂《にお》ってくるのは、私の見るところ、軍隊での経験から来る感性なのです。

こんな小さなエピソードがあります。

ある日、散歩に出た大岡さんは、初めてのそば屋さんに入る。気持は若々しいとは言っても、心臓に持病のある七十過ぎの身でステッキも突いているし、ショルダーバッグも持っているから、四人がけのテーブルにつこうとすると、店員から「あ、お一人ですか、そんならこっちへ」と狭いスタンド席に誘われる。まあ、そんなことはありますよね。けれど大岡さんは怒るのです。「客に坐《すわ》るところ指図する奴があるか、どこへ坐ろうとおれの勝手だ」と店員に向かって声を荒らげる。

みなさんがどう思われるかわかりませんが、私などが読むと、これが戦争から帰ってきた元兵士の感覚なんです。指図されることが、もう堪《たま》らなく嫌なのですね。軍隊はひたすら指図されるところです。上下の世界ですし、言うことを聞かないとビンタされる。あるいは、もっと危険な目に遭うかもしれない。戦争から帰ってきて以来、もう人が人に指図するのも嫌だし、人の上に人がいるような組織も嫌だ、自由や個性を押しつぶすような体制や権威はこりごりなんだ――そんな感覚が大岡さんには抜きがたくある。だから、普通なら怒らないような些細《ささい》なことで、かんかんになって店を出てきた。可笑《おか》しいのは、怒りのあまり、ステッキを忘れてくるんです。すぐに取りに戻ったら、「店員も客も、へんな顔をして、へんな老人を見ている。大人気なく、はずかしきことなり」と大岡さんは書いています。

帰り道でも、「さっきのそば屋のぶざまの成行、時々頭に戻り来《きた》りて、怒り去らず」。さらに「『お一人ですか、そんならこっちへ』『客に指図する奴があるか、どこへ坐ろうとおれの勝手だ』の問答、タクシーの列に並ぶ間も、ワグナーの主調低音の如《ごと》く、脳底にひびきて、不愉快。少し頭が変になって来たのではないかの不安あり」なんて、

〈ボヤキの大岡〉と呼ばれた人らしい反省というか、〈ボヤキも書きとめられている。

何でもないことなんですが、人に指図する・指図されるということへのアレルギーもしくは嫌悪感《けんお》が、ふいに噴出したのですね。いかなる相手であれ、個人の自由を侵すものに対しては、声をあげ続けるのです。この精神が公の場で発揮されると、反権威ということになります。

大岡さんは、例えば文学賞の権威などにも注意をしています。「小生選者つとめし頃は、芥川賞をコンクールと解し、なるべく当選作出すべしと主張」したというのです。私は直木賞の選考委員をやっていまして、「もっとちゃんとした賞の出し方をしなくてはいけない。こんな選び方ではダメだ」と数年で辞めたのですから、そこは考えが違うのですが、大岡さんの言い方もわかるのですね。つまり、芥川賞だからといって勿体《もったい》ぶった権威を持たせるなという意見です。コンクールなんだから、できるだけ多く受賞させたらいいんだ、と。

さらに、選考委員は受賞作家より権威があるのだから、七十歳になったら辞めろとも言っています。私は自分が選考委員をやっていてぜんぜん気づきませんでしたし、特権を使った覚えもないのですが、確かに〈権威〉なのですね。大岡さんはそういう神経を持っていた。「老廃文士選考委員の地位にしがみつきて」などと実例をいくつか挙げつつ、「喜劇にして不正なり」とも記している。ご自身もいくつかの文学賞の選考委員を務めていたのですが、早くに退いています。そして、日本芸術院会員になるのを辞退しました。大岡さんは、出版社や新聞社からの賞は受けるけれど、国や政府からの授賞は生涯を通して拒絶し続けました。

芸術院辞退の理由として、「捕虜を経験した身は、国家的栄誉を受けるにふさわしくない」と発言されています。しかし、百パーセントは言葉通りに受け取れませんね。権威に対する嫌悪感や、「生きて虜囚の辱《はずかし》めを受けず」という東條《とうじょう》英機陸軍大将の作った醜悪な戦陣訓への反発――あれでどれだけの無益な死者が出たか――など、さまざまな思いがあったのは間違いないでしょう。

大岡さんもまた、いくつになろうと、個人を侵してくるものや権威と勇敢に戦い続けたヤング・ソルジャーでした。

3　人を喜ばせるためなら

さきほど話に出た石田禮助さんより下の世代で、魅力ある経済人というと、経団連会長で「財界総理」と呼ばれた土光敏夫《どこうとしお》さんとホンダの本田宗一郎さんを挙げる人が多いのではないでしょうか。「立派な人だから魅力がある」という意味で土光さん、「面白い人だから魅力がある」のが本田さんです。そんなふうに言うと、まるで本田さんが立派な人ではないみたいですが。

土光さんには、経団連会長を辞める直前に、神奈川県の鶴見《つるみ》のご自宅に伺ったことがあります。まず驚かされるのが、玄関の扉がたてつけが悪いのか何か物でも置いてあったのか、私がいくらガタガタやっても開かない。すると、土光さんの呼ぶ声が庭の方から聞こえてきて、縁側から上がることになりました。

せいぜい良く言って質素な家ですが、郊外にある古い家だけあり、庭は広い。でも池や石なんてないんですね。植木と芝生と野菜畑があるだけ。植木と言っても雑然たるもので、それもその筈《はず》、土光さん自身が手ずから植えて、手入れをしているものです。畑も自分で耕している。夫人との生活費を月十万円だけ残して、あとの収入は全て、自宅に隣接するお母さんが作った女子校へ寄付されている。だから玄関も直せないし、ガラスが割れても直せない。健康法は、ゴルフでも何でもなく、木刀を振り回しながら庭を駆けめぐるだけ。実際にやっているところを見せて貰いましたが、まあ異様と言えば異様な光景。隣の女子校に泥棒が入った時は、木刀を持って泊り込みに行ったそうです。勝てるかどうかわかりませんが、木刀を持った怖い爺《じい》さんがいたら、泥棒も逃げ出すかもしれない。これは何とも清々《すがすが》しい生活で、私は感動しました。芝生もご自分で刈っているというので、わが家にも芝生があるものですから、つい、「あれはマメにやらないといけないんで、大変ですよね。うちなんかもよく人を頼んで……」

そう口を滑らせると、

「お、城山さんちには、植木屋を頼むほどの庭があるの？」

「いえ、広くはないんですよ。ただ私は草一本抜かないものですから」

「あ、それなら、僕が芝刈りに行くよ。会長辞めたら、暇になるんだし。もし城山さんちが広すぎて、僕の手にあまるというなら、友達も誘って行くから。頂いた日当は女子校に寄付します」

と身を乗り出して、目を光らせるんです。冗談なんか言う人じゃありませんからね、

「いやいや、本当に狭くて、わざわざご足労願うほどの庭でも」と慌《あわ》てて断ったものでした。

私の返事に不満だったのか、

「まあ、いいや。芝生のある広い庭を持っているのは何人か知っているから、そっち

でやらせてもらうか」

なんて、まだ呟《つぶや》いていました。

話を変えて、「会長を辞めたら、奥さまへの慰労として一緒に旅に出られたりしないんですか?」と訊くと、

「そうだなあ、ばあさんと一緒に信州あたりをとぼとぼ歩いていくか」

ハワイとかウィーンとかではないんですね。信州を、それも「とぼとぼ」と二人で往《ゆ》く。それが衒《てら》ったふうでなく、実感が籠《こ》もっているんです。経団連会長を辞めた後、国民的人気のある土光さんは臨時行政調査会の会長に引っ張り出され、いわゆる土光臨調のリーダーをやらされることになったので、芝生を刈ったり、信州を夫婦でとぼとぼ歩いたりはできなくなってしまいました。

一方の本田さんは、土光臨調を応援し、行革の必要性を訴えて歩く「私設応援団長」をつとめました。彼もまた、私生活がきれいな人です。ホンダという会社は、役員にも誰にも社用車がない。車や運転手どころか、役員室も社長室もない。全役員が大部屋で机を並べている。そして仕事を離れたら、役職に関係なく、平等なんです。本田さんは、派閥のように見られるのを嫌って、社員が結婚する時の仲人《なこうど》もしない。社宅を作ることも、会社の人間関係が妻や子どもにまで影響しかねないからと、嫌い

ました。本田さんに「社長なんて偉くも何ともない。課長も部長も社長も、包丁も盲腸も脱腸も同じだ。要するに符丁なんだ。人間の価値とは関係がない」という有名な言葉があるように、肩書に拘《こだわ》らず、人間を大事にした人ですし、その本田流の考え方が会社全体に行き渡っているように見えます。

本田さんが現役社長の頃、彼は将棋が強いものですから、工場見学へ行って最後に事務所に戻ると必ず、「将棋の強いやつを連れて来い、おれがヒネってやるから」。行った先の工場——ホンダでは製作所と呼びますが、その製作所で一番将棋が強い社員を相手に一局指すのが愉しみだったのです。普通、社長相手に将棋を指すのだから遠慮するのかなと思いますが、ホンダはそうではなかった。本田さんが実際に強いこともあるのでしょうが、ある製作所では、「ひとつ社長に泡を吹かせてやろう」と、プロの棋士を雇って、制帽制服を着せて、待機させた。いつものように本田さんが「誰か将棋の強いやつを」と言うと、「ああ、彼です、彼です」。いくら本田さんが強くても、プロには勝てませんからね。「うー、今日は調子悪いな、もう一局」とかやっているうちに、本田さんはどうも普段よりギャラリーが多いのに気づいた。

将棋を知っている社員が周りを囲んで観戦するのはいつものことですが、その数がどうも多過ぎる。三重くらいになって取り囲んでいる。負けた瞬間を写真に撮っているやつもいる。それで、ようやく「あっ！」。でも、本田さんは怒らないのですね。言ったセリフが、「このプロはまだまだだな。プロならまずお客さんを喜ばせなきゃいけないのに、すぐ自分が勝っちゃう。将棋は強いけど、まだプロの卵だね」。みんなで大笑いになったという、こういう風通しのいい会社。

お客さんを喜ばせなきゃいけない、というのは本田さんの負け惜しみもあるでしょうが、彼の本質に根ざした言葉でもあります。

本田さんの家は目白にあって、ホーム・パーティに呼ばれたことがあります。目白には高い鯉《こい》を飼っているので悪名高いというか評判になった人がいますが、本田さんは庭にコの字型に人工の渓流を作って、毎年春先に三千匹の鮎《あゆ》の稚魚を放流しているんです。それを六月末に客が自分で釣って、その場で塩焼にして食べるというパーティ。企業がやるパーティって大体つまらないものですが、本田邸のパーティは仕事関係者は呼ばずに、友人だけを招待しますし、鮎の趣向も聞くだに愉しそうですから、私も出かけてみました。案の定、人を喜ばせるにはどうしたらいいかという、本田さんのサービス精神に溢《あふ》れた会でした。

「リラックスした服装でどうぞ」なんて招待状に書かれていても、フォーマルに近い格好の主人や客ばかりいて、カジュアルな服で行った者は気まずくなる——そんなパーティも多いのですが、本田さんは普段からネクタイ嫌いの人ですから、いつもくつろいだ格好で迎えてくれます。私が鮎について訊くと、待ってましたとばかりに、つまみの枝豆の殻を唇につけたまま、あれこれ舞台裏を聞かせてくれました。どのように水を循環させれば天然の鮎に近い味が出せるか、いろいろやってみたけど、まだ追いつかないんだ、としきりに残念がっていました。「自然の川とできるだけ同じ条件にしているんだけどね、結局、台風や洪水がないからダメなんですよ。あれで川がよみがえる。それがプラスになるんです。自然には無駄なことがないんだなあ」

そして、「会社にも洪水は必要なんですよ。マニュアル通りの機械の動かし方をしてたんじゃ、うちみたいな後発の会社はどうにもならない」なんて。さらに、「川底に石を埋めてるのだけど、日本の庭つくりだと石の大半の部分は埋めて隠してしまうでしょう？　西洋の庭石とは違うんです。隠れているところをどう想像するか、表に出ているところにどう活《い》かされてるか、それが日本流。これは社員を見る時も同じだなあ、そんなことも思いますね」とも。あちらこちらで「釣れた」「落としちゃった」などと客の歓声があがり、鮎を焼く煙があがる中で、そんな話をしてくれた。

本田さんはビール片手に身振り手振りで話すのですが、その左手には、現場たたき上げの経営者らしく、ハンマーやカッターなどによるほとんど無数の傷跡が見えました。声が大きいのも、エンジンを作ってきたための職業病で、やや難聴気味だったからです。けれど、エンジンの微妙な音は今もきちんと聞きわけられる耳。

本田さんは終生、相手を喜ばすことを考え続ける生き方をしました。有名な伝説があります。まだ浜松の一介のオートバイ屋であった頃、外国から来たバイヤーを接待した。バイヤーは酒に弱く、気分が悪くなって手洗いへ立ち、もどしてしまった。その時、まだ汲《く》み取り式便所の時代だったのだけれど、うっかり入れ歯を中に落としたというのです。そこで本田さんが便槽から入れ歯を掬《すく》い上げ、よく洗って、自分の口に嵌《は》めてみて、また洗って、バイヤーに返した。この行為に打たれて、先方はホンダとの取引を決めた。

この伝説を本田さんに直接確かめると、「だいたいその通りだけれど、少しだけ違う」と。実は、酒に弱いバイヤーは悪酔いして、布団《ふとん》を敷いてもらい、料亭の座敷で横になったのです。気分が悪いので、金盥《かなだらい》か何かにもどして、そこへ入れ歯も落とした。それに気づかずに、仲居さんが中身を便所に空けてしまった。真っ青になった仲居さんの報告を受けた本田さんが悪戦苦闘して、入れ歯を拾い出したんだそうです。

「城山さん、あそこから拾うのはなかなか難しいもんですよ。かきまぜちゃいけないし」と、笑っていました。その入れ歯を洗って、自分で嵌めてみて、獅子舞《ししまい》の真似《まね》をして仲居さんたちを笑わせて、また洗って、バイヤーの枕元《まくらもと》に置いておいた。翌朝、彼は何も知らずに、入れ歯を嵌めて、そのまま帰国したのです。ホンダと契約したのは事実だけれど、契約と入れ歯の一件には何の関係もなかった。

これ、相手の目の前でやれば、「商売のため、相手に尽くした」という言い方もできるかもしれませんが、相手が昏睡《こんすい》している時にやって、起きても黙っているままだったら、商売にプラスにはなりませんよね。

「何でそこまでやったんです？」と訊くと、「だって、外国に行って、入れ歯を失《な》くしたらどれだけ不便か。可哀そうでしょう。だから拾って、洗ってあげただけです。くさいかどうか調べるために、自分で嵌めてみて、大丈夫だったから、枕元に置いといた」

商売じゃないんですね。相手を喜ばせることを、あるいは相手に不愉快な思いをさせないことを、まず何より考える。

本田さんの鮎釣りパーティには、さっきも言ったように、友達しか呼んでいません。ふと見ると、歌手の藤山一郎さんがいて、二人で「これはお兄さま」「いやいや、お兄さまこそ」みたいなことを言っては、じゃれ合ってる。若い人たちがやっていても気持悪いのに、七十過ぎた二人が何をやってるのかねと思って、

「あなたたち、どういう関係？」

「いや、同年輩なもので……」

似たような歳恰好《としかっこう》だから、どちらが目上か、どちらを立てる側か、会った時は、先に「お兄さま」と呼ばれた方が歳上になる、という説明でした。説明されても、まだちょっと気持悪いかもしれない気もしましたけど。

聞くと二人が知り合ったのは戦前のことで、当時の藤山さんはトップクラスの人気歌手です。車が好きで、フランスの高級車を自分で運転していたのですが、公演先の名古屋から東京への帰り道、浜松で故障してしまった。こんな田舎じゃあ、ろくな工場もないだろうから、部品もないし、修理のしようもないなと諦《あきら》めていたら、「本田という変り者がいます」と言われた。「自動車の修理工場をやってるんだけど、『難しい車、新しい車、珍しい車、そういうものを持って来い。何でも見てやる』って威張って仕方がない男がいるんです」

藤山さんが、「どうかねえ」と半信半疑で呼んでみたら、本田さんが小僧一人を連れて現れて、一言、「車、バラしていいですか？」。もうエンコしている車ですから、藤山さんが頷《うなず》くと、たちまち分解して、やがて「わかった！」と叫ぶと、小僧を文房具屋へ走らせた。すると小僧は、大量の鉛筆を抱えて帰ってきて、その芯《しん》を溶かし、車をたちまち修理してみせた。カーボン系統の故障だったらしいですね。本田さんの知識と腕前に藤山さんが感嘆して以来の付き合いだそうです。

この逸話にも、本田さんの特徴が出ています。普通、エンジニアで「仕事の鬼」なんか言われている人は、毎日の仕事を寸分狂わずにやり続けるエキスパートです。でも本田さんは、「新しいもの、珍しいものを持って来い」という人なんです。そのスタイルを、浜松の一工場の親父から世界のホンダの社長になっても、ずっと変えずに持ち続けた。

本田さんにも欠点はあります。せっかちだし、忘れっぽい。プライベートで、つまり奥さんに言われた用件なども忘れるから、奥さんが本田さんのメガネのツルに針金で小さなメモを括《くく》りつけていたこともあります。そうしておけば、いろんな人が「それ、何です？」と訊いてくるから、嫌でも思い出すだろうというわけですね。

いちばんひどい時は、自分の家を忘れたこともあります。引越しをした日でしたから、少しは情状酌量の余地があるかもしれませんが、引越した家から会社へ行って、どこに帰るかわからなくなった。この町だ、というくらいは、さすがにわかるんですよ。近くまでは帰ってきた。そこから先がわからない。交番に飛び込んで、「私の家はどこでしょう？」。警官も応対に困りますね。ホンダの社長が来て、家がわからない、と言う。住所ももちろんわからない。その時は中古の家を買ったのだそうですが、元の持主の名前もわからない。ひとつだけ思い出せるのは、門柱の溶接が下手だったこと。本田さんは鍛冶屋《かじや》の息子ですからね、そこは見て、記憶していた。けれど、そんなことを交番で言っても、警官が「ああ、溶接が下手な門柱の家はあそこです」なんて答えられるはずがない。仕方なく、一軒一軒の門柱を見て回り、ようやく下手な溶接を見つけて、「あのー、ここは本田の家でしょうか」とインタフォンを鳴らすと、呆《あき》れ顔の奥さんが出てきた。

本田さんは社長を退いたあと、会長や相談役になりませんでした。「おれのところに相談にくるな」と言って、辞めたのです。会社から「縁を切らないでくれ」と請《こ》われて、最高顧問の肩書を貰っただけで、自分の作りあげたホンダから実に屈託なく身を引きました。そもそも現役社長時代から、技術以外についての権限は副社長に委《ゆだ》ねていたほどです。いわゆるベンチャー企業のトップというのは自信過剰なタイプが多く、人の話を聞かないものですが、本田さんは自分と性格のまるで違う藤沢武夫さんという副社長に恵まれたこともあって、そういうことはなかった。

だから最高顧問になると、いよいよ会社に口を挟むことはしません。珍しく意見を述べたのは、青山に新本社ビルを建てる時、

「地震で窓ガラスが落下して、通行人や社員にケガをさせてはいけないから、できるだけ壁面にガラスを使わないように」とだけ言った。

では、社長を辞めてからの時間を何をして過ごしたかというと、まずは代理店、営業所、サービス工場などへのお礼参りです。国内だけで七百ヶ所、さらに海外へも足を伸ばしました。他にも、例えば絵を描き始めた。

本田さんは車に道具を積んで、自分で運転して、土光さんではないけれど信州あたりまでスケッチに出かけていました。性格同様、自由奔放な絵かなと思っていたら、花にせよ風景にせよ、あるいは本田家の愛犬にせよ、細密画のように、実に細かいところまできっちり丁寧に描きこんでいる絵。ご本人は「技術屋の絵だよ。下手なおれの絵を見て、目がおかしくなっちゃいけませんよ」と謙遜《けんそん》していましたが、どうして、なかなかいい絵なんですね。「花の芯をじっくり観察したり、花びらを数えたり、写生に没頭していると、余計なことを何もかも忘れられていいんですよ」と言っていたのを覚えています。あの桁外《けたはず》れに陽気で活動的なこの人にして、という味わい深い言葉。

もっとも、現役の頃から、ひとりでこっそり庶民的な居酒屋へ行って、自分だけの時間を大切にする人でもありました。そういう店では、必要がある時は、「耳鼻科の医者だ」と名乗っていたそうです。内科や外科だと話しかけられることがあるけど、耳鼻科というと放っておいてくれるんだよ、なんて。あの人には、そういう一面があった。そして、自分のそんな面をひそかに大事にしていたのです。

私は、『毎日が日曜日』という長篇小説の中で、ある会社がこんなテストをする話を書きました。

「あなたはアリになれるか。あなたはトンボになれるか。しかもなお、あなたは人間でありうるか」

つまり、アリのように、骨惜しみせず孜々《しし》営々と働けるか。トンボのように、複眼で物を見、情報を得られるか。そして人間として、豊かで、暖かな心を持ち続けられるか。これからの時代を生き抜くために必要だと私が考えた条件を挙げているわけですが、三つとも本田さんの魅力にぴったり当てはまりますね。

これはもう、余談ですが。

ご自宅での鮎釣りパーティでお土産が出たんです。パーティのお土産というとクッキーやチョコレートを貰うことが多いのですけれど、あんなもの貰っても仕方がないんですね。銀座に行く習慣がある人なら、帰り道にバーのおねえさんにあげておしまいかもしれない。本田さんのお土産は、蛍でした。虫籠《むしかご》に入った源氏ボタルを配ったのです。これは心にくいお土産で、みんな喜んで持って帰ります。最後の最後まで、人を喜ばすのが好きなひとだなあと感心したものでした。

今でも時折、あの蛍を思い出します。

4　自分だけの時計を持て

本田さんが引退後、花の絵を描いていたと述べましたが、たくさんの鉢植えの花の面倒をみている男がいます。劇団四季の浅利慶太さん。彼は一見、花が似合うような優しげな男ではありません。教祖的なところもある、激しく、きびしい男。彼と私は旧《ふる》い知合いです。

彼が劇団の新人に決まって言う言葉は、

「世の中は平等だと思うな」

というものです。不平等こそが芝居の世界だ、と最初に刷り込むのですね。

ものすごく練習したのに、おれの方が踊れるのに、私の方が歌が巧《うま》いのに、それなのになんで使ってもらえないの——そんなふうに思うな、役者にとってそれは当然のことなのだから、平等でなく不平等な世界に生きているのだから、と。
つまり、使われないとすれば、誰の基準でもない、ただ浅利慶太にとって、どこかに不満があるから使われないというのもそうですね。世間の基準は、いつだって不平等なのです。売れる・売れないということも劇団員としても芝居に集中できるだろうと、浅利は——いつものように呼び捨てにしてしまいますが、彼は深く信じているのでしょうね。

劇団が持っている山中の稽古場《けいこば》へ行ったことがあります。温泉も引き込まれた岩風呂《いわぶろ》に入ると、プラスチックの椅子に混じって、ひとつだけヒノキの大きな椅子があるから、私がそれに座ったら、劇団員が「それは浅利先生の椅子です」と言うのです。浅利の椅子でも、こっちは劇団員ではないですから遠慮なく座っていました。湯から上がると、きれいな大判のバスタオルがあるので、それを使っていると、また「あ、それは浅利先生の……」と横から言ってくる。「いいんだよ、浅利はよく知ってるから。僕から御礼を言っておくよ」なんて答えて、そのまま体を拭《ふ》いちゃいましたけどね。つまり彼は、風呂の椅子やタオルに至るまで差別している。いいか、おれは一番偉いんだぞ、悔しかったらおれを見返すぐらいになってみろ、という宣言です。

浅利が劇団員に対して、もうひとつ口癖のように言うのは、

「自分だけの時計を持て」

ということです。これはいい言葉ですね。カレンダーや公演スケジュールなどという世間の時間とは関係なく、自分で自分の時間をコントロールしろ。つまり、自分だけの暦を持て、自分だけの世界を持て、と言っている。例えば、長いスパンで言うと、すぐ若いうちに売れる役者もいるだろうし、時間をかけて売れる役者もいるだろう。性格も才能も興味の持ち方も、人それぞれです。毎日の生活でも人生の設計でも、自分を見きわめ、自分だけの時計を持てば、無意味に焦《あせ》ったりせずに己の道を歩いていける。あるいは、雑音を気にせず、自分を豊かにする道を見つけることができる。これは、あんなに自信満々に見える浅利自身も、自分のために実行している言葉だと思います。

彼は日生劇場を作り、日本生命から派遣された幹部たちと予算の面での衝突を繰り返して、やがて親しくなりましたから、予算統制のノウハウなど、経済的な観念も身につけています。大道具の予算がオーバーしたから、衣裳《いしょう》の予算から回して……みたいなことを昔はやっていたのですね。そういう経営はダメだととことん教えられた。

劇団四季の本部施設は、冷暖房に太陽熱を使っています。これは行政から補助が出るのだそうで、補助金を使わないのは損だという考え方ですね。ずいぶん細かいようですが、やはり演劇は赤字劇団が当り前で、四季が黒字に転じるのにも長く時間がかかったようですから、節約をちゃんと心がけている。女優さんが多いから、きれいな洗面台があるのかなと思っていたら、小学校の水道のように、ただ蛇口がついているだけ。そこで美女たちがみんなして顔を洗っていました。

でも、金を使うところには使うのですね。稽古場の床板は厚い特注のものにして、どんなに飛んだり跳ねたりしても役者たちが膝《ひざ》を痛めないようにしているし、演出家の座る位置も客の目と同じ高さになるような工夫がしてある。お客さんの納得できる舞台にするための出費は惜しまないのです。こうして、浅利は劇団四季を日本で唯一《ゆいいつ》金儲《かねもう》けのできる劇団にした。今もなかなかチケットが取れないし、劇団員として採用されるのは応募者何千人に一人というような倍率になった。

でも、そんな浅利慶太って非常にクールな男かというと、そうでもないんです。劇団の本部に行くと、温室があって鉢植えがズラッと置いてある。花に囲まれた浅利というのも意外で、彼に「あれ、こんな趣味あったの?」と訊《き》くと、「いや、そうじゃないんだ」と首を振りました。

劇団員たち、特に女優たちが地方巡業に行く時、一番気にするのが、鉢植えをどうするかということなんだそうです。しょっちゅう水をやらないといけないし、花によったら薬もやるとかいろいろ世話をしなくちゃいけない。彼女たちが安心して巡業へ出られるように、東京にいない間、鉢植えを預かって管理してやるんですね。もうひとつ、若い女性劇団員たちが気にするのは、ボーイフレンド。巡業の間に、ほかの女性に目移りしないか心配なわけです。鉢植えとボーイフレンドの浮気が同じレベルの心配らしいので私が思わず笑ってしまいましたら、浅利も「そっちの方までは面倒みきれないけどね」なんて苦笑していましたが。

彼も、決してただきびしいだけではないのです。本当に相手の身になって考えてやる。「世の中は不平等なものだと思え」と言うくらいきびしくやるけれども、結局、実際にお客の前で芝居をするのは劇団員です。彼らが思いきり演じられる状況を作ってやらないといけない。そのために彼らの身になって、一番嫌なこと、一番つらいことは何かと考えて、それに対する手を打っていく。ここが浅利の、ひいては劇団四季の強みだと思いました。

5　一日仕事をしないと、自分に見放される

いつの間にか、浅利慶太さんも私もサラリーマンだったらとっくに定年という年齢になっています。私は自分の年齢が上がってくるにつれ、〈サラリーマンの定年後・引退後の人生〉というテーマを考えることが多くなりました。戦後という時代が盛りを過ぎようとしていたことも、関係があるかもしれません。

さきほど名前を挙げた『毎日が日曜日』という小説も、それより十八年前に書いた「輸出」（『総会屋錦城《きんじょう》』所収）という私の文壇デビュー作の主人公二人を再び呼び戻して、定年後について考えてみた作品でした。「輸出」は総合商社を舞台に、戦前の〈忠君愛国〉や〈五族協和〉などとは違う大義、戦後に新たに出てきた〈輸出立国〉という大義の前で組織と個人がどんな相克をするかを描こうとした小説です。あれから時代も日本もさらに変わったけれど、五十歳にもなればもう〈死に体〉だといわれる商社の世界で彼らが、自分たちの年齢や立場をどう生きているか、そこから先の長い人生をどう歩んでいくつもりなのかを検証してみたかったのです。

主人公の一人は、定年後こそ男の勝負の時だと思い定め、会社では軽んじられてきたぶん、第二の人生で見返すべく経済的準備にかかるのですが、器だけ立派でも中身が伴わない人生になってしまう。つまり「人はパンのみにて生きるにあらず」という当然の事実をつい見落としてしまい、やがて直面するのは……。『毎日が日曜日』は、そんな小説になりました。それからまた時は流れ、いよいよ魅力ある老年とは何か、私は考えるようになったのです。

荻須《おぎす》高徳《たかのり》さんという画家がいます。もっぱらパリの何でもない古さびた建物を描くのですが、人影がないのにもかかわらず、パリの人間たちの匂《にお》いが建物や道路から滲《にじ》み出てくるような静かで且《か》つ重厚な絵を描く画家。

私は以前パリでお目にかかったことがあるのですが、その時は「日本にはもう二度と戻らない」と仰《おっしゃ》っていた。「帰る前の準備でひと月、日本でひと月、パリに戻って落ち着くまでにひと月。都合三月、仕事ができない。もう先があまりない僕には時間がもったいない」と。荻須さんは八十歳を越えてますからね。それに、日本には描きたい題材がないそうです。頑丈で、古びた、長い歳月そのもののような石造りの建物を描く人ですから。

それが文化功労者に選ばれて皇居に参内しなくてはならないというので、帰国したのです。最初は天皇に御礼の電報を打つだけで、帰国するつもりはなかったのですが、大使に「陛下にどうやって電報を打つのですか」と詰め寄られ、やむを得ず帰ってきた。ひどい話で、旅費は出ないし、参内の折には、モーニング着用が義務付けられ、同伴の夫人の着物には色の紋付が指定されている。モーニングなんてパリでは着る人がいないのだそうで、だから買えないし、もちろん色紋付も同様で、ずいぶん困ったと、ぼやいておられました。

海外で評価されている日本人洋画家は、藤田嗣治《つぐはる》、佐伯祐三《ゆうぞう》、それに荻須高徳の三人だけです。若い画家はみんなと言っていいくらい、パリへ留学するのですが、なかなか育たない。荻須さんは私が生まれた昭和二年に、二十五歳でパリに旅立ちましたが、それ以来どういう心がけがあったのか、訊いてみました。

日本人の絵描きの卵はたくさんパリにいるけれども、どうしても日本人同士で集まってしまう。日本食が食べたくなるからか、日本語が恋しくなるからか、お金の融通もつけて貰《もら》いやすいからか、つい集まってしまいます。荻須さんは、「僕は絵の勉強に来たのだから、正反対のことをした」と言うのです。フランスの食事をし、フランス語だけを使い、金がなければ画廊で只《ただ》で絵を見て、金があれば美術館で絵を見た。唯一の趣味だった囲碁もすっぱり捨て、少しお金が貯《た》まると、オンボロの中古車を買った。さっき本田宗一郎さんが車でスケッチをしに行ったと言いましたが、車は絵描きにとって必需品なのですね。本田さんのように金持ちでなくても、まずは何をおいても車を買わなければいけなかった。

また、パリの自己中心的な社会は、絵を描くのに良かったのだそうです。仕事をしていたら、あるいは食事をしていたら、電話にも出ないような社会。この土地では、自分の仕事にだけ打ち込めばいいんだと、絵に集中しやすかった。戦争が起きて、荻須さんは一番最後の引き揚げ船で帰国しますが、戦争が終るとすぐに今度は貨物船でパリへと戻ります。荻須さんはもう四十代後半になっていました。十分に日本で食べていける有名な画家が、すべてを捨て去るように、再びパリで絵を描きはじめる。

パリの画壇にも流行があります。戦後はまず左翼が全盛で、次いで抽象画の時代が来る。荻須さんはそんな流行に右顧左眄《うこさべん》せず、建物を描き続けました。日本語に「寄らば大樹の蔭《かげ》」という諺《ことわざ》がありますが、フランスでは逆に「大木の下には草が生えない」と言うそうです。荻須さんはこの諺を愛し、いわば無所属で生きていけばいいんだと、自分だけの絵に打ち込んでいった。

プロの画家になっていても、誘惑というか落し穴はあります。例えば、肖像画を描く。これは簡単にお金になる。あるいは、絵を模写して、売る。ルーブルなどでも見かけますね、なかなか巧く模写をするのですが、あれはそれだけのものです。でもやはり、お金にはなる。あるいは、絵を教える。あるいは、観光ガイドみたいになってしまう。生活はむろん大事だけれども、そういうことをやっていると、やはりフランスの諺で「黄金の鳥籠に入る」と言うのですが、お金はどうにかなっても、画家としての創造力が枯れてしまいます。鳥として大空を羽ばたけなくなる。荻須さんは、決してこの手の誘惑に乗らなかった。売り絵を描かなかった。ひたすら自分の描きたいものを、ひと気のないパリの街角を、描きたいように描いた。

それは高齢になった今も変わりません。毎朝、古い建物の三階に借りているアトリエまで階段をのぼっていき、昼食をとりに一度自宅のアパルトマンへ戻って、午後はまたアトリエへの階段を上って、夕方まで絵の前に立ち続ける。毎日八時間から十時間、「絵は座って描くもんじゃない」と、立ちっぱなしで描いている。判で押したような、単調といえば単調な生活。

ところが私がある夏にパリへ行って、夜の九時頃にご自宅へ電話しますと、奥さんが「まだアトリエです」と言う。そこでアトリエにかけ直して、荻須さんに「どうしたんですか、こんな時間まで？」と訊くと、「今はバカンスの季節で、人も車もパリから消えたから、街がよく見えるんだよ」という弾むような声が返ってきました。

荻須さんの画家としての興味は、さっきも言ったようにパリの古い建物にあるのですが、とりわけ建物と道が接するあたりが重要なんだと言うのです。なるほど、人や車が多かったら見えにくい部分です。

「だから、建物の下がよく見える夏が一番大切なんだ。今がパリで一番好きな季節で、毎日スケッチして廻ってる。朝からずっとスケッチに出かけるので、普段は午後にやっている油絵の作業を、夜やってるんですよ」

今でもまだ、留学したての青年画家のような情熱と新鮮さで、パリの街を画材を持って歩いているんですね。荻須さんに「一日仕事をしないと、自分に見放される」という言葉がありますが、いくつになっても自分が見放すような生活をおくりそうにない。

パリだけでなく、思い立てばスケッチ旅行にもすぐ出かけます。もうオンボロ中古車でなく、ベンツに乗っています。フランス車に乗っていたけれど、同じところが何度も故障するので嫌気がさして、日本車を買おうとしたら、輸入規制でなかなか買えない。フランスの全車両の三パーセント分しか、日本車を輸入できないんだそうです。そこですぐに買えるベンツにしたのですが、トランクには常に下着など二ヶ月ぶんの旅支度が整えられています。消防車はすぐに発車しないと火が燃えさかってしまいますが、画家の場合は、すぐに発車できないと創造の炎が消えてしまうからですね。そしてベンツに乗ると、百キロくらい出して、目的地へと急ぐ。

奥さんに言わせると、

「そんなものじゃありません。すぐに百五十キロくらい出すんです」

荻須さんは首をすくめて、「だって、ちょっと踏むとそれくらい出ちゃうんだよ」

そんな荻須さんも当初は、自分の前を藤田や佐伯が歩いていて、苦しかったと言います。それをたゆまぬ努力で、と言うと簡単になってしまいますが、二人と肩を並べるまでになった。荻須さんの才能を思いきり度外視して言えば、あそこまで努力すれば、誰でもそこそこの画家にはなれるのじゃないか、と思わされるほどです。

6　軟着陸をしない人生

日本人の定年後というか老後のイメージは、どうしても「軟着陸」至上主義になってしまうようです。

老人ホームにせよ二世帯住宅にせよ、そこそこの器で、そこそこの額の年金と貯金があって、趣味でもボランティアでもそこそこの生きる意義を見出《みいだ》せばいい。これはむろん、悪いことではありません。

取材でこんな経験をしました。

名古屋にある二十四時間営業の銭湯を訪ねますと、若い人たち向きに作ったのに、老人ばかりがやってきたというのです。勿論《もちろん》お風呂もあるし、テレビもあるし、食堂も売店もあるし、カラオケもあれば仮眠用の休憩室もあるので、経営者とすれば、翌朝早くて帰るのが億劫《おっくう》な独身サラリーマンに利用して貰おうと思っていた。そこは宿泊施設ではないので、朝一度外へ出なくてはいけないのですが、すぐにまた入ってくる老人がいる。夫の位牌《いはい》を持ってきているおばあさんもいる。嫁と喧嘩《けんか》するたびにやってくるおばあさんもいる。保育園ならぬ保老園のように、朝来て夜帰るおじいさんもいる。そうやってそこで半ば暮らしている、いわば長期滞在の老人が百人くらいいる。この自由な感じは面白い。

ただ、私が大浴場に入ろうとすると、大浴場にいたみんなが一斉に私を見るのですね。裸の美女やオランウータンが入ってきたのならともかく、私を見たって何も面白くない。だからパッと見たら、すぐにまた視線を戻す。動物園のリスや何かと同じ動きです。みんな、退屈しきっているのですね。ここは自由があるし有難い場所なんだろうけれど、「やはり、ちょっとなあ……」と思わずにはいられませんでした。帰りのタクシーで、運転手さんが「あんなところ、僕なら二日で気が狂っちゃう」といみじくも言っていましたが。

私には、風呂につかっていた老人たちがみな、同じ顔に見えたのです。あれはあれで軟着陸しているのかもしれないけれど、自分だけの顔を得なくていいのかな、と感じます。あるいは、石田禮助さんを日々新面目だと言いましたが、そういう日々新たな、生き生きした顔を得なくていいのかな、と。

老後であろうと、着陸を考えずに、なお飛び続けることはできないのか――私は居心地悪く浴槽に入りながら、そんな夢想をしたのです。人生は鐘と同じで、激しく叩《たた》かないと激しい音が鳴ってくれないのではないか。うつろにしか叩かないと、うつろな音が響くだけではないでしょうか。人生には、挑んだ人にしか聞こえない音色があるように思えるのです。

さきほど、役者が売れるのはいつかわからない、と言いましたが、その人にとっての人生の真の季節が六十歳、七十歳を過ぎてからやってくることだってあるでしょう。それは思ってもいなかった形で、豊かな達成感、深い満足、予期せぬ潤《うるお》いを人生にもたらすかもしれません。

私の同級生で、大手の都市銀行に入った男がいます。昭和二十年代、私たちが卒業した頃の就職試験の日程は、まず銀行から始まり、次いで商社、三番目がメーカーでした。まだまだ日本経済の先行きが不安な頃で、銀行に受かると、他業種を志望していても、そのまま入行するというケースが多かったのです。ところがその友人は、都銀に就職が決まったのに、父親から「そんな詰まらないところで働くなんて、おまえには生きがいはないのか」と言われ、私に相談しに来ました。私は思わず、「親父《おやじ》さんは変わってるねえ」と唸《うな》ったのですが、実は友人の父親は足尾鉱毒事件の舞台となった村で生まれ、若い頃から田中正造《しょうぞう》の手足となって秘書のように働き、正造の没後は、農民たちを率いて法廷内外の闘争を引き継いだ人だったのです。田中正造という人物の激しさに共鳴し感染して、生涯を送ったお父さんでした。

私はお父さんに会い、お話を伺っていくうちに、田中正造への関心が深まって、『辛酸』という長篇小説を書きました。正造の生涯を見ていくと、こういう人生の終り方もあるのかとつくづく感動し、嘆息したくなります。

田中正造は明治二十三年、四十八歳の時に栃木の県会議長から代議士に転身します。連続六期当選し、次の衆議院議長に擬せられるほど政界の大物になりますが、明治三十四年五十九歳で議員を辞職して、足尾鉱毒事件に身を投じます。土地の人たちと一緒に戦うために、彼らの気持をわかろうとして、被害の中心地に棲《す》みつくのです。住民運動をして代議士になる人、あるいは代議士になるために住民運動をする人はいっぱいいますが、正造は住民運動をするために代議士を辞めたのです。そして、強制水没させられる谷中《やなか》村という村で、もう家も強制破壊されて住むところもないような状態で、穴を掘って萱《かや》や板をかぶせて寒さや風雨をわずかにしのぎながら、わずか十六戸の村民と最後まで政府や県や警察を相手に戦い抜く。法廷闘争に持ち込んだものの訴えは裁判所にほとんど退けられ、病人も死者もどんどん出てくる。こんな凄絶《せいぜつ》な日々を何年も何年も続けます。

大正二年、七十一歳で野垂れ死にのように亡《な》くなった時、乞食《こじき》同然の暮らしだった正造の遺品は、鼻紙と聖書といくつかの小石だけでした。気に入った小石を拾うこと、たまに五右衛門《ごえもん》風呂のもらい風呂に入ること、和歌を詠《よ》むことが、正造のわずかな慰めでした。

その和歌も、「大雨に打たれたたかれ行く牛を見よそのわだち跡かたもなし」などのように、「大雨に打たれたたかれ」で始まる歌が多いのです。まさにそのような日々を送り、且つわだちの跡もなくなるような先行きだろうと思っている。つまり、己れの晩年の全《すべ》てをなげうった戦いは報われないだろうと予感しているのですね。けれど、その戦いの中で野垂れ死にすることこそが自分の栄光であり、納得のいく人生の結び方だという信念を貫いたのです。

もう一人、まるで軟着陸ではない老年の過ごし方をした関寛斎という人物がいます。彼は正造より少し年上で、徳島の医者でした。西洋医学の草分けの世代であり、三十年間、徳島の中心部で医院を開いてきた。それが明治三十五年七十二歳で、北海道東部、陸別《りくべつ》のあたりに入植するのです。決して食い詰めていたのではない。大きな医院を構え、急患も厭《いと》わず、貧しい人びとには無料診察をし、無料患者の数は有料患者の六倍にも及んで「関大明神」とも呼ばれるなど、医師としての尊敬も集めていました。それが、人生を完全燃焼させようという思いが噴出したかのように、北海道へと向かったのです。彼はもともと千葉の農家の出であり、二宮尊徳を尊敬するなど、農を尊ぶ気持は強かった。

陸別には、今も日産自動車の耐寒テスト・コースがあるように酷寒の地です。寛斎は「みそぎして髪のつららをくだきつつ衣かさねし時のあたたか」という歌を残していますが、水浴びをすると髪が凍るので、それをくだかなきゃいけないのですね。洗い髪を拭くんじゃなくて、砕くような土地。寛斎は文字通り熱い男だったのか、冷水浴の効果を信じ、川の氷を割って水に入り、雪の上を裸で転げまわったりもしたそうです。

とはいえ冬の寒さは譬《たと》えようもなく厳しく、夏は夏で虫の大群に襲われ、ようやく実った畑の作物は鳥獣に荒らされ、飼っていた馬はあるいは羆《ひぐま》にやられ、あるいは疫《えき》病《びょう》に斃《たお》れる。田中正造と同じくらい悲惨な開拓民の生活です。徳島では蓄えもあり、満足な衣食住を持て、孫たちの顔を見るのを楽しみにして暮らせたのに、そんな老後を捨てたのは「大幸福」なのか「大不幸」なのか、と寛斎自身が書き残しています。寛斎は、陸別での暮らしを世のため・国のための労苦であり、「人たるの本分」なのだから、今こそ「大幸福」であり「大満足」であり「大に誇る処世」だと書きつけるのです。寛斎は自分の農場で、刑期を終えた囚人や、果ては脱獄囚まで世話をしてやります。鉄道が敷かれることになり、駅名を「関」にする話も出たのですが、寛斎はこれを断り、アイヌ語で「高みへ流れる川」という意味の地名「陸別」に決めさせます。

そして、関寛斎は大正元年十月十五日に八十二歳で自殺します。これは決して敗北ゆえの死ではなく、「やるべきことをやった」という凛冽《りんれつ》たる思いから来た死のように、私には思えるのです。彼の命日の近くに、私は陸別を訪れたことがありますが、空も大気も冴《さ》えわたり、落葉松《からまつ》が金色に輝いて、厳しい冬を目前に陸別が最も美しい季節です。そんな季節を選んでの、「あとはもう、迷惑をかけないように死ぬだけだ」という自殺。

直接の遺書はありませんが、例えば「人並の道は通らぬ梅見かな」という句を残しています。あるいは、「心成仏」という言葉を残しています。目に見えぬ形では報われないかもしれない、他人から理解を絶するかもしれない、けれど、おれはおれだ、勝敗など関係なく、おれは燃焼し尽くしたのだから、もう満足して成仏できるんだ、ということではなかったでしょうか。人並の道でない道を往《ゆ》き、自分だけの顔を持ったのが関寛斎という男でした。

寛斎とすれば、もはや心成仏しているのだから、あとはただわが身を天に送りさえすればいい、というのが彼の自殺であったのでしょう。

7 人間は負けるように造られていない

つい「勝敗など関係ない」と言ってしまいましたが、「いや、そもそも人間は負けるように造られていないんだ」と主張する作家もいます。誰だか想像がつきますね。アーネスト・ヘミングウェイです。

彼は『老人と海』の中で、こんなふうに書いています。新潮文庫に福田恆存《つねあり》さんのいい訳がありますから、それを読んでみます。

「『けれど、人間は負けるようにに造られてはいないんだ』とかれは声に出していった、

『そりゃ、人間は殺されるかもしれない、けれど負けはしないんだぞ』」

『老人と海』はご存じでしょう。三ヶ月近く不漁が続き、食べ物にも事欠くようにな った老漁師が小舟でメキシコ湾に出て、巨大なカジキマグロと三日間格闘し、ついに 仕留める。大きすぎるので舟に縛りつけ、港へ帰ろうとすると、サメが次々に襲いか かってきて……という物語。老人は痩《や》せており、海の上で太陽を浴び続けるので顔に は沢山の褐色のしみができていて、本田宗一郎さんではないけれど、両手には大魚を とらえる時にできた深い傷がいくつもある。

港では老人に懐《なつ》いている心やさしい少年が待っているのですが、老人は大魚と戦い ながらこんなことをひとりごちます。

「『あの子にいってやったっけ、おれは一風変った年寄りなんだってな』と老人は口 に出していった、『いまこそ、それを証《あか》ししなければならないときだ』

これまで何度も何度もそれを証ししてみせてきたのだが、そんなことはどうでもい い。老人はいまふたたびそれを証明しようとしている。何度でもいい、機会はそのた びごとに新しい。昔の手柄など、老人はもはや考えていない」

老人は小舟の中で、強気と弱気の間を揺れ動き、

「希望をすてるなんて、馬鹿《ばか》な話だ、そうかれは考える。それどころか、罪というも

のだ。いや、罪なんてことを考えちゃいけない。ほかに問題が山ほどある。それに、罪なんてことは、おれにはなんにもわかっちゃいないんだ」

「かれは罪についてなおも考えつづける。お前が魚を殺すのは、ただ生きるためでもなければ、食糧として売るためだけでもない、とかれは思う。お前は誇りをもってやつを殺したんだ。漁師だから殺したんじゃないか。お前は、やつが生きていたとき、いや、死んでからだって、それを愛していた」

そんな思いをめぐらせながら、巨大なカジキや獰猛《どうもう》なサメと戦い続けるのです。ヘミングウェイは、この学問も何もないキューバの老漁師に自分自身を入れて書いているのが明らかです。そして確かに、負けることのない、消し去ることのできない人間の誇りが伝わってきます。

私はアメリカ文学が好きで、ヘミングウェイも愛読してきた作家のひとりですから、彼の伝記もいくつか読みました。先日もA・E・ホッチナーの『パパ・ヘミングウェイ』という伝記を読んだのですが、その中にヘミングウェイが自分を分析するこんな台詞《せりふ》がありました。中田耕治さんの訳です。

「おれは、いい人間であろうとして、いいことでもわるいことでも約束はまもってきたし、しめ切りはまもったたし、あたえられた仕事を投げ出したことはないし、行くといった時間にはちゃんと行き、行くといった場所にもちゃんと行った――たとえ、ほかの人に場所をどかせても、だ」

面白いですよね。「いいことでもわるいことでも約束はまもってきた」というのが、実に作家らしくて。

『老人と海』の大成功の余波の中で、一九五四年秋、ヘミングウェイはノーベル文学賞を受賞しますが、ストックホルムでの授賞式には出席しませんでした。タキシードを憎んでいたし、内気でもあったからだ、と親しく付き合ってきたホッチナーは書いています。ヘミングウェイはメッセージを送り、アメリカ大使が代読しました。そのメッセージもホッチナーの本に載っていますが、大岡昇平さんが芸術院会員になるのを断ったり、文学賞の選考委員を批判した時のような文体のもので、ヘミングウェイはノーベル賞受賞をあまり喜んでいなかったように読めます。ちょっと抜粋しましょう。

「この賞をうけなかった偉大な作家を知っている作家はこの賞をうけることに忸怩《じくじ》たるものをおぼえずにはいられない。そうした偉大な作家をここに列挙する必要はない。この式にある人は、おのれの知識、おのれの良心に照らして自分の信じる大作家のリストをあげるだろう。作家がおのれの内面にあるすべてをわが国の大使の代読にゆだねて語ることは私には不可能である」

「最高の作品は、一つの孤独な生である。作家のための組織は作家の孤独をやわらげるが、作品に役に立つかどうか疑わしい。彼が自らの孤独を脱すれば公衆に名をひろめるが、しばしば彼の作品は退歩する」

「真実の作家にとって、それぞれの作品は、すでに到達したところを越えた何かをふたたび試みる新しいはじまりでなければならない。彼はおのれがかつて試みなかったところのもの、ほかの作家が試みながら失敗したところのものを試みなければならぬ。かくてこそ、大きな幸運があれば、ときには成功するのである。それまでよく書かれてきたやりかたで書くだけが必要なのであれば、文学作品を書くことなどどれほど容易なことか」

「だが私は作家のことを長く語り過ぎた。作家はおのれが語るべきことを書くべきであって口にすべきではない」

彼のこういう言葉と『老人と海』のあのサンチャゴという老人の姿が、私には重なってくるのです。毅然《きぜん》と、凜冽と、もう若くなくても、誇りを持って自らの職業に全身全力を捧《ささ》げる生き方。

ヘミングウェイは一九六一年に六十一歳で猟銃で自殺しました。生前に発表した小説は『老人と海』が最後です。晩年には小説を書けない悩みがあり、書けないので酒を飲む、飲むとまた書けない——そういう繰り返しの中で、自分で自分に引導を渡した気がします。「じゃあ、彼は負けたんじゃないか」と言われそうですが、ヘミングウェイはあそこまで人生を生き尽くし、味わい尽したら、もう新しい楽しみもなく、自殺するしかなかったんじゃないか、と私は思っています。自分が書くべきものは書き、自分が生きるべき人生はもう充分に生きた、と。ある意味で、関寛斎にも通じますね。私の好きなジョン・スチュアート・ミルの最後の言葉は〝My work is done.〟、わが仕事は為《な》せりというか、やるべきことはやったという羨《うらや》ましいものですが、この系譜に連なる生き方であり、死に方ではないでしょうか。

　決して負けはしないサンチャゴ老人の肖像は、作家自身の憧《あこが》れでもあったのでしょう。しかし、あの老人はやはり作家その人でもあったのだと言いたい気持を私は持っています。

　サンチャゴや関寛斎や田中正造といった強い老人を現代の日本に求めて、『人生余熱あり』というノンフィクションを書いたことがあります。名古屋の二十四時間銭湯もその取材の一環で行ったのですが、例えば日本シルバーボランティアズ派遣第一号の人に会いもしたのです。半田浩三さんという方。

「海外でボランティア活動をしてみたいけれど、自分の職業ではあまり役に立たないかなあ」と躊躇《ためら》っている人も多いかもしれません。けれど、日本の教育水準は高いせいもあって、こちらである程度の勉強さえしていけば、専門外の分野でも現地の手助けはできるのですね。半田さんも元は自動車エンジニアでした。それが六十代半ばから、マレーシアの研修センターで農業開発の指導をするようになった。農業機械についての指導、修理などはまあ専門に近いでしょうが、田畑での実際の農業指導もするのです。指導している間にも、せっかく育てた稲が大雨や野ネズミのせいで全滅する。サトウキビ畑が野生の象の大群にやられる。育てた若者たちに日本でさらに研修を受けさせると、甘い生活を覚え、日本語ができるようになるせいで、手っ取り早く稼げる別の職業に就いてしまう。

それでも農業をやり続けようとする若者たちのために新しい農地を確保しようと半田さんは頑張り、マレーシアから新しい土地を与えられたのですが、それは今の研修施設から二百五十キロも離れた、人を寄せつけない少数山岳民族のいる土地で、彼らとの折衝もしなくてはいけない。十三人の優秀なマレーシア人を連れて行ったけれど、半年たつと七人に減っていた。現地の若者でも耐えられないような厳しい場所。けれど、半田さんはくじけないのです。高地ですから、いくぶん涼しいので、栗《くり》や柿《かき》、イチゴなどを作らせたい、炭焼きもやらせたい、と勉強を始めていました。報われないことも多いけれど、それでもやり続ける。これもまた軟着陸をしない生き方、負けない人間の姿だな、と感嘆しました。

立花大亀《だいき》さんという京都のお坊さんに、「担雪埋井《たんせつまいせい》」って言葉があります。人生とは井戸の中に雪を放り込んで埋めるようなものだ、と。つまり、雪を苦労して運んでいって、井戸を埋めようとしたって、ちっとも埋まるわけがない。人が生きるとはそういう営みに似たものだと思いなさい、というわけですね。それでも、生きていかないといけない。それでも、雪を井戸まで運ばないと気がすまない。人生って、そういうものですね。半田さんも同じように感じているのではないかと思います。そしてそれでも、負けるようには造られていない、と確信しているのではないでしょうか。

8　一期《いちご》は夢よ　ただ狂へ

さまざまな魅力的な老年の姿をいろいろ取材して書いた『人生余熱あり』が出版された時、一冊お送りすると、私の大学時代の恩師から手紙が来ました。

その手紙の話をする前に、この恩師、理論経済学の山田雄三教授を簡単にご紹介します。

私が一橋大学に通っていた頃の恩師なのですから、さすがに今は少壮の教授というわけにはいきません。もう、九十歳を越えておられます。数年前、八十八歳になられた米寿の会を私たちが開いたのですが、会をやること自体を大層嫌がられた。「まあまあ、米寿を祝うことを口実にして、みんなで久しぶりに集まるのですから」と言って納得させたのですが、当日の教授は「なぜ、この会を嫌がったのか」というスピーチをした。つまり、「別に努力して八十八歳になったわけではないから、祝われる筋合いがない。健康に気をつかってきて、それでこの歳《とし》になったというのであれば、祝ってもらっていいけれど」と。教授は大酒飲みでしたし、確かにあまり健康に気をつかうタイプではありません。ゼミナールの仲間で飲みに行ったりすると、学生たちが先にばたばた倒れていって、教授ひとりが悠然と飲み続けていました。また、昔は大の愛煙家で、節煙のつもりか一本の煙草《たばこ》をふたつに切って喫《の》んでいました。

米寿の会でのスピーチでも触れていたのですが、教授は、「先生」とか「弟子」とか「師弟」「教え子」などという言葉が嫌いなのです。だからここでも先生でなく教授と呼んでいますが、山田教授が仰《おっしゃ》るには、自分はたまたま教える立場にいるだけなのだから、「ゼミナリステン」と呼び合おうというのです。ゼミナリステンのもともとの意味は〈種を蒔《ま》く仲間〉という意味らしいのですが、お互いに学びあう研究者同士なんだから、先生などと呼ばずにゼミナリステンとして扱ってくれ、と。これは私たちがまだ学部生の頃からそうで、「引越しなんかを、学生に手伝わせる先生がいるが、僕はどうかと思うよ」と口にされたのを覚えています。公私の区別という意味もありますが、あくまで研究者同士として付き合いたい、ということですよね。

幸い、私は倍率の高かった山田ゼミに入ることができました。十五人しか入れないゼミでした。ところが、私は早々にゼミから脱走することを決め、教授に手紙を書いたのです。

私は昭和二十年十七歳の時、海軍特別幹部練習生として軍隊生活を送り、軍隊の腐敗を見、原爆のキノコ雲を見、そして戦後のあらゆる価値の大変換を見て、国家とは何か、歴史とは何か、社会とは何か、人間とは何か、信じるとは何か、私はいったい何者であるか、死んでいった者たちの代りにできることはあるか——そんなさまざまな問いを自分の手だけで解いていこうと決めていました。いくら時間がかかってもいい、ひとつひとつの問いに答えていくことで、ばらばらになった私自身を作り直そうと思ったのです。そのために文学へと近づいていきました。

一方で、経済学を学んでいましたが、その目的として社会的関心があったのです。当時の日本は——私が大学に入学したのは昭和二十一年秋、学部に進んだのは二十四年——、植民地を失い、資源も外貨もなく、戦災の被害はまだ残り、人口は増え、労使の衝突は続き、物価は不安定で、一千万人餓死説などもありました。そんな時代に経済学を志す以上、世の中を良くするために、少しでも多くの人間の幸福のために勉強しようという気持は強かったのです。経済学の世界でも、資本主義的手法で行くのか、社会主義的にやっていくのか、ケインズ経済学かマルクス経済学かという選択が問われていた時代です。

そんな私にとって、山田ゼミの理論経済学は食い足りなく思えたのですね。高等数学を用いて限りなく抽象化、理論化していく世界。そこには人間の匂《にお》いがしないのです。これでは目の前の飢餓を救うとか、混乱する現実の課題に応《こた》えられないじゃないか？　それでは勉強する意味があるのだろうか？　せっかちというか慌《あわ》て者の私は、ゼミに入って半年もしない頃に、このままでは私の心を満たせられないからと、教授に短い手紙を書いて、「やめさせて頂きます」と結んだのです。すると一週間くらい後に、ぶあつい手紙が返ってきました。便箋《びんせん》何枚もにわたって、私を叱《しか》るのでもなければ、慰留するのでもない、自らの経済学の姿勢に対する説明と、「選ぶのはあなたの自由だ、ただ自分の姿勢をあなたが知らずにやめるのは、あなたに対して悪いと思うから書きます」という旨《むね》が記されていたのです。

私が勝手に翻訳して教授の手紙の内容をきわめて簡単に紹介しますと――まず学問の入口として、事実を事実として客観的に認識し、冷静に分析して、個と全体の関係が経済社会の中でどうなっているかを捉《とら》えなくてはいけない。捉えるためには、ある程度抽象化することが必要になる。これを学部で三年やれば、経済が理論的にわかるようになるだろう。それを踏まえた上で、初めて経済政策や改革といった話になる。自分はそういうプログラムのつもりだった、と君に知ってほしい。もちろん、君がゼミをやめるのは自由だ。

倍率の高い人気ゼミの教授にとって、一新入生が辞めてもどうということはない。私がそう思っていたところへ、こんなに率直なまた懇切な、取るに足らぬ一人の学生を思いやった長い手紙を貰ったものですから、私は胸が暖かく濡《ぬ》れるような思いになりまして、すぐ教授のところへ謝りに行って、ゼミに留まったのです。山田ゼミには、一橋の最初の女子学生で、後に一部上場企業で初めての女性重役となった石原一子《いちこ》さんがいて、一緒にドイツ語の文献を読んだりしました。

ところが、私はもう一度、山田教授の世界から脱走してしまうのです。卒業が間近に迫った頃、父親が大病をしまして、「家業は継がなくていいから、とにかく名古屋に戻って来い」と言ってきたのです。看病のために帰省したりするうちに、卒業後は愛知学芸大学（現・愛知教育大学）へという就職口も紹介されました。「国立大学に就職できるのか」と親も安心するようなので、その話を受けることにしたのですが、当時、名古屋で理論経済学を続けるのは至難の業だったのです。アメリカの最先端の文献などをどんどん読まなくてはいけないのに、それができなくなる。新しい専門書が読めない。これは学問の世界へ入るつもりの青年にはピンチです。

そこで山田教授は、「特殊なテーマを択《えら》んだ方がいいよ」と餞別《せんべつ》のアドバイスをくれました。私は帰省してあれこれ本を読み、取材もしていく中で、「幕末以来の中京経済圏における景気変動に企業者はどう対応したか」といった〈特殊なテーマ〉を摑《つか》んだのです。そして『中京財界史』という本を書き上げました。

すると、変なところからクレームが来ました。この本はまるで事実と違う、というのです。私はできるかぎりの資料にあたり、聞き取り調査もしていたので、何のことだろうと心外に思って会ってみると、「あの社長交代劇はおれが決めた」「あそこの会社の内情は本当はこうだ」……。そこで総会屋という存在を知り、資料に書けないことで会社が動くさまをまざまざと知り、のちに直木賞を受賞することになる「総会屋錦城」の主人公のモデルを知ることにもなったのです。これは面白いぞと興味を覚え、そうこうするうちに「輸出」で「文學界」新人賞を受賞し、私は小説の方へと脱走してしまいました。三度目の脱走は気まずく、今度は教授にきちんと手紙を書くこともしませんでした。しかし、個と全体の関係を冷静に捉える——という山田教授の下で学んだ姿勢は、私の小説に色濃く反映されている筈《はず》です。

それからしばらく歳月がたちまして、まあ、経済小説や経済人の評伝を書いているので、多少の繋《つな》がりはあると認めてくれたということでしょうか、教授が退官した後、山田ゼミ出身の学者有志が集まって、学者ゼミナールというか勉強会を始めたのですが、私もそこに呼ばれるようになりました。経済学者になった連中が中心ですが、最先端の経済学を論ずるというよりは社会科学の根底を考えるゼミナールだったので、私も混じることができたのです。教授はお元気で議論に参加し、学問への情熱は冷めることがなく、私の後輩にあたる一橋の学長と激しくやり合った末に、「他の人が口を挟めなくなるから、もうやめよう。あとで君とは一対一でやろう」なんて言う一幕もありました。

ある時の私の報告は、『男子の本懐』で描いた井上準之助をめぐるものでしたが、教授から厳しい指摘をいくつも受けました。これは、背筋が伸びるというか清々《すがすが》しい気分になるものです。それでも教授が八十代半ばになってくると、弟子たち（弟子というと教授が嫌がりますが）の方で教授の激論ぶりに御体が心配になってきて、テーマや報告者を決めない勉強会に切り替えたところ、「まるで雑談みたいでつまらない」と教授からやめてしまい、やがて私と二人きりでテーマを決めたゼミナールを開くようになったのです。

教授は、象牙《ぞうげ》の塔の住人めいた固苦しい人ではありません。八十代半ばで奥さまを亡くされた時は、何というか、すごいくずおれ方で、石原さんなんかと「まさか、教授もこのまま……」と心配したものです。奥さまの兄で、教授とは高等商業学校の同期だった森ビルの森泰吉郎さんも経済学者ですから、彼が奥さま亡き後の教授の良き話し相手になっていた。ところがその森さんも亡くなり、学者ゼミナールも解散したので、私が二人ゼミナールをお願いしたという経緯《いきさつ》でした。

しかし、元気を取り戻された教授は、足が歳相応に弱ってきているのに、自宅のある中井から「日本で最初のベイ・ブリッジが見たくてね」とバスと電車を乗り継いで横浜まで見物に出かけたり、青梅線の羽村にある老人ホームに入られてからも真夏に私との二人ゼミナールのために都心のホテルまで三度も乗り換えて現れたり。

こんな暑い日にご足労おかけします、私が言うと、何でもないよというふうに首を

振って、

「ここへ来る途中、日生劇場に寄って、チケットを払い戻して貰ったよ。『ファウスト』を観《み》たいと買っておいたら、後から娘が誘ってくれて、あちらもチケットを買ったと言うものだからね」

これは当然、自分のチケットを払い戻して、娘さん一家と観劇に出かけるのだと思いますよね。違うのです。娘さんが買った方をキャンセルしている。

私が呆《あき》れて、「せっかく、お嬢さまが買ってくれてたのに」と言うと、九十歳を越えた教授は私に（わかってないなあ）という顔をして、

「きみ、ああいうものは、　人で行って観るものだよ」

二の句がつげない思いになりました。

杖《つえ》をついて、耳には補聴器をつけた教授は、その日の二人ゼミナールが終わると、いつものように、

「今日、積み残した課題は何ですか？　次回の宿題として、何を読み、何を考えてくればいい？」と朗らかに言って、また地下鉄の駅へと消えて行かれた。

さて、そんな教授に『人生余熱あり』をお送りすると、打てば響くように手紙が来ました。

手紙には、こういう本を書いたきみにぜひ聞いてみたいのだが、と世阿弥《ぜあみ》の言葉を引用していました。教授は謡《うたい》をやっており、世阿弥の著作にも詳しく、『謡曲に見る人間研究』という本を出しているくらいです。

世阿弥の『花伝書』には、「老いぬればとて花失《う》せては面白からず」とあり、しかし同時に「花の萎《しお》れたらんこそ面白けれ」、「この萎れたると申す事、花よりもなほ上の事にも申しつべし」ともある。

魅力ある老年を送る人たちを描いた今、きみはこの一見矛盾する世阿弥の言葉をどう思うのか、というのです。世阿弥も困ったことを書いてくれたなあと頭を振りながら、私も『花伝書』を読み直してみました。小さな本ですが、やはりなかなか面白い本です。確かに矛盾した箇所があるのですが、世阿弥はあえて矛盾を踏まえてという か突き抜けた形で書いている。どちらも真実なのですね。しょぼしょぼ萎れた老年もあれば、老年故《ゆえ》の輝きもある。

医事評論家の水野肇《はじめ》さんの『夫と妻のための老年学』という本に、「何もすることがないと思うことがストレスになる」という意味のことが書かれてありました。「何もすることがない」のがストレスになるのではなく、そう「思うこと」がストレスになる。受身になると、ストレスが大きくなるのです。ですから、「定年になってすることがない！」と焦《あせ》ったりせずに、ノンシャランとしていればいいのです。ただし、一方で、楽しい仲間がいて、いつも遊んでいてストレスがない人は老化が早いのだそうです。面白からず、になってしまう。これも一見矛盾ですね。しかし、ストレスと遊びの両極の間で、人生にチャレンジしていく、挑んでいく、そういうことができれば老木に花を咲かせることができるのではないか。「まことの花は、咲く道理も散る道理も、心のままなるべし」

『花伝書』の中で、私が一番ピンと来た言葉は、「住する所なきを、先《ま》づ、花と知るべし」という定義でした。現状なり考え方に安住しない。あぐらをかいたり、決して満足したりしない。日々を新しく生きる。心を常に新しくしておく。そんな心の赴くまま、知らない道へも踏み込んでみる。そういう姿勢にこそ、花があるのではないでしょうか――。そんな返事を教授には書きました。

夏目漱石《そうせき》が愛読したイギリスの作家にローレンス・スターンがいますが、彼は、

「形式に拘《こだわ》るには、人生は短すぎる」

と喝破しています。スターンは、「自分はこんな性格だから」とか、「何歳だから」「人の目があるから」とか、人間を規制する全ての器を形式と呼んでいるのですが、私もこの言葉通り、自然な心のまま、どんどんやっていけばいいんだと思うようにな

りました。老後ほど、ますます形式に拘る必要がなくなるわけです。老後ほど、自由になれる。やはり、老年にしか咲かない花ってあるのでしょう。

以前、『黄金の日日』という小説を書いている時に出会ったのですが、戦国時代の自由都市・堺の人々は、こんな小唄《こうた》を好んだといいます。

「なにせうぞ　くすんで　一期は夢よ　ただ狂へ」

戦国の頃に成立した歌謡集『閑吟集』に収められているものだそうですが、権力に阿《おもね》らず、独立独歩で、新しい世界へ踏み出そうと情熱を燃えたぎらせる堺商人の気質をよく伝えていますね。私は目が洗われる思いで、この歌を口ずさんだのを覚えています。口ずさむと、何だかリフレッシュされたように、心がたかぶります。そう、歳をとっても内面までくすんでいる必要はない。いや、年齢の話だけではありません。窮屈な時代、苦しい社会、厳しい状況に生きているからこそ、時には狂うこと、他人の目からは狂って見えるようなことへ身を投じることも必要なのではないでしょうか。

アメリカにロジャー・フォン・イークという能力開発の学者がいます。元ＩＢＭの社員で、その後ビジネスマンの研修セミナーのための、ユニークな、遊び半分のように見える教科書を書いてベストセラーになった男。彼が『眠れる心を一蹴《ひとけ》り』という本の中で、こんなことを書いていました。一人の人間の内側には、四人の人間が住んでおり、それぞれが兵士、判事、芸術家、探険家の役割を担《にな》っている。そして誰の心の中にも住んでいるこの四人が、ちゃんと生き生きと活動しているか、絶えず心がけよう、とイークは言うのです。一人でも眠っていたら、あなたの四分の一は死んでいるのと同じだと。逆に、この四人をうまく育て、強化し、活発に働かせることができれば、人生が四倍になるわけです。

〈兵士〉というのは、石田禮助さんや大岡昇平さんや『老人と海』のサンチャゴのように、自分を犠牲にしてもいいから、さまざまな試練に耐えて、勇敢に大切なことのために戦う役割。〈判事〉というのは、物事の判断をする役割ですが、ただ前例だけを覚えておけばいいというものではない。実際の裁判と違って、人生では過去の判例というのはあまり役に立たない。前例だけで判断をして生きていくのは、バックミラーだけを見ながら高速道路を走るようなものです。それでは大事故を起こしてしまう。バックミラーに頼らず、きちんと前を見て、広い視野を持たなければならない。

それから〈芸術家〉というのは、夢を見る役割ですね。「こうすれば、ああなるだろう」というような、足し算でできる夢ではなく、創造的な、誰にも真似《まね》できない夢を見る力があれば一番いい。人生から得たものを並べかえたり、裏返しにしたり、逆さまにしたり、直感に頼ったりしながら、自分だけのもの、自分だけの顔を作りあげていく。そして、最後に〈探険家〉。古い地図で人跡未踏の地にはドラゴン、龍のマークが描いてあったそうです。探険家とは、龍のマークを見ると引き返すのではなく、そこへ飛び込んでいく人間ですね。龍に食べられてしまうかもしれないけれど、あえて挑戦しに行く。今日出た言葉で言い換えれば、決まった道でない道を行く。四人のうちでも、探険家が一番眠ってしまいやすいから、注意しないといけません。人間が、歳をとっていようがいまいが、時代が大変であろうがなかろうが、何かしようとする時、自分の中の探険家を目覚めさせなければならない。もっと言えば、常に自分の探険家を元気に、活発にさせておかないといけない。

何かやろうと思った時に、考え込んでいたらダメなんです。私のような職業だって、そうです。「いい小説が書きたいな、書けるかな」と思っていてもダメなんで、とにかく書き始め、そして書き上げることが大事なのです。途中まで書けていても仕方がない。アイデアや下書きがどんなに沢山あっても仕方がない。自分が「これは面白い」と思えば、それを信じて最後まで書いてしまうことです。これは小説だけの話ではないでしょう。みなさんが何かをやろうと思った時、「どうやってやろうかな」「こうなるはずだったんだけどな」なんて最初なり途中なりで足踏みしても仕方がないのです。自分の中の探険家と共に、やりとげてしまえばいい。反省や後悔は後からしたってもいいし、どうせ一期は夢だと思えばいいし、人並の道は通らぬ梅見かなと嘯《うそぶ》いてもいいし、担雪埋井と呟《つぶや》いてもいいんです。

いつものことながら、まとまりのない話になりました。これまで話に登場してきた人たちのように、一度しかない人生に激しく挑めば、人生の方も激しく応えてくれると言っても、「そうは簡単にできないよ」という人もいるでしょう。「急に軟着陸をやめると事故するよ」という人もいるかもしれません。しかし、彼らが見せてくれたいろいろな人生の姿を記憶し、いかに強く激しく生きてきたかを頭に留めておけば、私たちの人生だって自《おの》ずと変わってくるように思えます。ある時は軟着陸をする生き方、ある時は「ただ狂へ」という生き方、という道だってあるでしょう。そういう個々の生き方の変化が、いつか時代を動かし、時代を乗り越えていくのではないでしょうか。

心をできるだけ軽く自由にして、日々新面目で生きていきたいなと、私も自戒して、この拙《つたな》い話を終わります。

君のいない一日が、また始まる

――「そうか、もう君はいないのか」補遺

この原稿は、城山氏が仕事場として使っていたマンションから、遺族によって新たに発見されたものである。内容から見て、城山氏の没後に発表された、亡妻・容子さんへの追想記『そうか、もう君はいないのか』（新潮文庫）の一部を成すはずであった草稿だと思われる。数年にわたって書き継がれたため、また未定稿の段階でもあるため、『そうか～』と共通するエピソードもあるが、狙《ねら》いや語り口などが異なることもあり、遺《のこ》された原稿を尊重する形でここに掲載する。編集部

「私は勉強が嫌い。あなたは勉強しているのだから、あなたが決めて」というのが、何か迷ったときの彼女の口癖であった。「子を持つかどうか」という女性にとっての大問題についても、そうであった。

容子との結婚を控え、二人の間でそんな話題が持ち上がったのは、いわば当然の成り行き。と言うのも、私はそれ以前から、「子どもなど持つつもりはない」と口にしていたからだ。

見つめてくる容子に、

「もう、蝮《まむし》の末裔《すえ》は要らないんだ」

と、いまから思えば、私は尊大なことを言った。

くり返される戦争や大量殺戮《さつりく》。それが無くても、人口増加と資源・食糧の制約を考えれば、未来は暗いとしか思えないし、これまでの何千年の歴史を振り返っても人類が進化してきたとはとても思えない等々。

いつものことながら、彼女はうなずきながら聞いていて、何も口をはさまなかった。夫婦となる二人にとって大事な問題に、即座に否定的な結論を下されたことをどう思ったのか、彼女の表情からは窺《うかが》うことができなかった。

一方、私は私なりに本気であり、口先だけでなく、すぐ実行に移し、結婚式を彼女の排卵期を除く日取りにしたし、それ以降も、安全期間を除けば、コンドームを用いてきた。

にもかかわらず、彼女は妊娠した。一度ならず、二度までも。

彼女はそれを期間の読み間違いなどと、自分のせいにした。

「中絶しましょうか」

あらためて相談するというより、念を押すような訊《き》き方であった。

私は、小さくうなずいた。

筆一本でやっていきたいと考えてはいたが、作家としての前途は不透明なまま。そこで子を持てば、視野は狭くなっても、明るくなることはない——と、いたって単純であった。

どんなふうにして医者を探したのか、彼女は次の日、出かけて行き、半日もせずに帰ってきた。口数は少なかった。

私には、掛ける言葉が無かった。何を言っても、彼女を苦しめるばかり。沈黙を共にする他なかった。

それ以降は十分に注意していたはずなのに、半年ほど後、彼女の身に来るべきものが、また来なくなった。

彼女は前回と同じように出かけ、前回以上に傷心というか、窶《やつ》れ果てて帰ってきた。その姿に、私はあらためて自分の間違いを思い知った。先行きがどうのこうのと考えるより、作家としての将来や他のあれこれより、何より容子を大切にすること。それ以外に無いのだ、と。

結婚二年目には長女が生まれ、この子は生後二ヶ月で破傷風のため亡《な》くなってしまったが、次の年には長男を授かった。

二

私は、いまも昔も、電話が苦手である。

こちらが仕事に全神経を集中しているときに、問答無用に「応待しろ！」と叫び続ける。そのうるささに受話器を取らざるを得ない。道具の分際なのに、有無を言わせず御主人様を引っぱり出す。

このため、折角積み上げてきた考えが、ゆさぶられ、吹き倒されてしまう。電話が終わった後は、また最初から考えを組み立てなおさなければならぬし、最前の道筋に戻れないことも、しばしば。

私が作家になった当時は、「作家宛《あて》に電話をかけてはならぬ」が、不文律であったように思う。それがいつの間にか、「遠慮会釈《えしやく》なく」みたいになってしまった。まだ仕事場を持たず、家に容子が居る時には、すばやく相手方の名を、ときには用件もメモして、私の仕事が一息ついた時を見計らって渡してくれた。ずいぶん助けられたものだと、後になって思い知らされる。

もっとも、いまはFAXが、その種の役をつとめてくれる。「いきなり電話するのは……」と、先方も思っていたのだろう。この手の機械が何故《なぜ》いま少し早く登場しなかったかと悔やまれるが、書斎のFAX機をぼんやり眺めていると、いつの間にか、容子のことを思い出している。あの容子のことだもの、FAXを利用、いや悪用して、いつか講演会の客席の目立つところに座り、真面目《まじめ》に語る私に向かって「シェー」のポーズをやって見せたのと似た悪ふざけをやってくれただろうなあ、と苦笑いをする。

容子が亡くなる前にはもう、ＦＡＸはあったのだが、彼女は使い方を知っていただろうか。生きていたら、どんなものを送信してくれただろうと、なおも思って、小さな機械の前で、私はしばらく佇《たたず》んでいた。

昭和三十二年初夏のこと。ＦＡＸなどむろん無く、電話すら限られた家にしか無かった頃、緊急の要件を伝えるには電報が一番速く、確実。

狭い湯舟の中で、私は首をかしげ、耳をそばだてた。

廊下を、容子が走ってくる音がした。

三畳の玄関に続いて、六畳の間が二室、台所。それに短かい渡り廊下の先の浴室と、全体が縦長に続き、小さな家の割りには、細長いというか、奥が深い。

それにしても、容子自身が実際に口にしていたように、「走ることが必要になるとは思えない」くらい狭いし、走れば家中に振動が伝わってくるような家である。

何ごとも悠然というか、慌《あわ》てる様子のない彼女にすれば初めてのことである。いったい、何があったというのか。

湯舟で私が腰を浮かすと同時に、いきなり風呂場《ふろば》の戸が半開きになって、彼女の張り詰めたような顔が揺れる湯煙りの中に現れた。

同時に、息せききった声で、

「城山三郎さんっていう人、この家に居ないわよねえ。知らない人よね」

訊くというより、確認する感じ。

今度は私が慌てて、

「どうしたんだ？」

「電報配達の人が来て、この家に城山さんという人が居るはずだって」

そのまま帰ってもらうわけにいかなくて、容子は「いちおう、確認に来ただけ」と言い、待たせておいては悪いからと、急いで引き返そうとするので、

「待ってくれ。その城山とはおれのことだ」

眼を大きくした彼女は、

「どうして、あなたが……」

「ペンネームだ、城山ってペンネームなんだ」

当然のことだが、事情がのみこめない顔つきの彼女に、私は湯舟に浸《つ》かりなおしながら、促した。

「とにかく、受け取って来いよ。城山はいましたからって」

「はい」

訳わからずだが、配達の人を待たせておいては悪いとの一念で、妻は廊下を駆《か》け戻って行った。

これが、私の妻容子と「作家城山三郎」との最初の出会いであった。

それまでの数年、容子がつき合ってきたのは、私の本名である「杉浦英一」という男。

学生時代に知り合い、大学教員となった私と結婚した。結婚当初は私の実家で暮らしていたが、住み込みの店員も多い商家で暮らす気苦労からか、たちまち痩《や》せていく彼女を見かね、名古屋市内の城山と呼ばれた地域に家を借り、生まれたばかりの長男を抱いて移ってきたところであった。容子にすれば、結婚からまだ三年ほどだったが、その間、私が一橋に一年近く単身赴任したり、長女や姑《しゅうとめ》が急死したりと何だか不安定な日々が続いていた。三人で借家に引越すことで、私の限られた給料の枠の中ながら、それなりに落ち着いた暮らしを始められ、やれやれと一息ついた感じ。

私は大学卒業直後に、愛知学芸大学商業科の講師となり、「景気論」などの講義を担当し、正式の身分は「文部教官」。

これは国家公務員であり、給与や待遇はまずまず、二十年勤めれば年金もつく。まだ戦後の混乱も残る時代とあって、

「休んでも学生がよろこぶだけだし、三日やったらやめられぬ」

との陰口も耳に入るほどの、恵まれた職場であった。

しかし私は大学で教鞭《きょうべん》を取り、このまま経済研究を続けたいという思いは持ちながらも、文学への志が抜きがたくあった。少年兵としての戦争体験によって、「巨大な組織が、小さな個人の生死を左右することは許されるか」「個人は、ついに組織に負けるしかないのか」というテーマが私にはあり、この問いには文学で答えるしかない、と決めていた。

それまでは本名で同人雑誌に書いていたが、引越しを機に心機一転、ペンネームを城山三郎として、はじめて文芸雑誌の新人賞に応募していた。その受賞を知らせる電報が来たのだ。

聞いたこともない城山三郎という男への電報がきっかけで、夫が安定した職場をやがて去ることになろうなどとは、容子はまだ考えてもいなかった。それを言えば、だいたい私自身にも、確たる先行きの見通しはなかった。

ただ、はじめて投稿した作品での新人賞受賞とは、まだ若い文学青年には思いもかけぬ幸運であったが、容子にどこまで通じていたのか。

いや、通じなくていい。通じたりすれば、彼女の知らない世界のことだ、新しい不安を感じることにもなる。とはいえ、風呂上りの私を待ち構えている気配はあり、容子に事情を説明しなくてはいけない。

容子は、私が同人雑誌に小説を書いていたことを、むろん知っていたし、わが家で仲間たちと文学論を戦わせる姿も見ていたので、あらためて詳しく説明するまでもなく、彼女はすんなり腑《ふ》に落ちた様子であった。

小説はページを食うからと同人雑誌の運営上煙たがられるし、ページ割りで払わされるから当然私だけ割高の会費を払わされるし、私が書きたかったテーマは仲間に不評（「もう、戦争のことなど読みたくないよ」なんて）でもあって、何だかおもしろくなく思っていたところ——。

「そこへ偶々《たまたま》、『文學界』という雑誌が原稿を募集していたので、応募したのさ。まさか、それで受賞するなんて思っていなかったから、お前には言わなかったけれど」

容子は二度三度うなずいてから、お祝いの言葉を言った後、思い出したように、

「でも、どうして『城山三郎』なの？」

「ここ城山へ三月に引越したから」

容子は、はじめて笑った。

「そう、ずいぶん簡単なのね」

「うん。簡単、簡単」

答えてから、私はふっと思った。このペンネームも遠からず、それこそ簡単に消えてしまうかも知れぬ――と。

そうした思いから、私はつけ加えた。

「でも、この先どうなるか、わからん」

文学の世界などまるで知らぬせいもあって、容子は明るい声で、

「いいわよ、どうなっても」

そもそも小説などに興味もないし、私が好きで満足しながらやっていることならば、

「どうぞ、そのまま続けて」というのが容子の変わらぬ姿勢だった。この二年後、私が直木賞を受けた時、容子は「直木賞って何？」と自分の父親に訊いて、彼を呆《あき》れさせることになる。

もともと、早とちりや勘違いがあった上で、気が合って結ばれた仲であり、それだけで十分。先行きのことは、成り行き任せにすればいい。

いずれも、つきつめて考えることをしない夫婦に、こうして新しい生活が始まることになった。

三

新人賞受賞は嬉《うれ》しかったが、それだけでは済まなかった。

名古屋は、当時、日本で三番目の人口を持つ大都会であったにもかかわらず、もともと実業本位の堅実で地味な土地柄のせいもあり、文学への関心は薄く、戦後は小谷《こたに》剛《つよし》の芥川賞受賞で華やいだぐらいで、文士らしい文士が出ていなかった。

そこへ、久しぶりの新人、しかも経済もわかるというので、インタビューや講演会などの話を、次々に持ちこまれた。

こちらとしては、実力も準備も不十分。断わり切れずに受けた講演会では、聴衆からの質問に答えられず、立ち往生するなど、花開くどころか、いわゆる「地方名士」として立ち枯れてしまう。このままでは本当に、「簡単に消えてしまう」気がした。

とにかく、まず名古屋から東京へ出ようと思った。私にしか書けない小説を書いていくには、そうするしかない。そう思い込んだら、せっかちな私は、新人賞受賞の年の晩秋には引越し先を探し始めていた。妻子を養うのが第一なのだから、とりあえず大学を辞めることは考えられない。大学のある愛知県岡崎市には準急「東海」を使えば東京からは五時間ほどで着く。朝早く出れば午後の講義に何とか間に合うし、実家に泊まれば、宿泊代は不要。時間はかかるが、車中は読書や講義の準備に当てればいい。容子にしてみれば、せっかく親子三人で小さな家に落ち着けたと思ったばかりだったろうに、再びの引越しに反対することはなかった。

縁者の紹介で、板橋に間借りできることになり、冬休みに入るのを待って、名古屋を離れた。汽車の窓枠に立つほどの稚《おさな》い息子を抱えて。

布団《ふとん》などの荷は別にトラックで送ったが、間借り先に荷を下ろすことはなかった。借りる予定の家では、「台所は共用だけど、いつでも使って下さい」ということであったのに、いざ着いてみると、あくまで家主一家が優先。

赤ん坊が空腹に泣いても、牛乳をあたためることもできぬというわけで、短気な私は腹を立て、東京にこだわらず転居先を探そうと、湘南《しょうなん》の茅ヶ崎《ちがさき》に住む妹夫婦の家を訪ねたところ、運よく少し離れた所に庭つきの家が見つかった。家賃は、東京の狭いアパートと同額。茅ヶ崎ならば、東京よりも岡崎寄りだから、むろん通勤にも差しさわりがない。

その場で契約をし、あちこちの運送会社へ手当たり次第に電話した。他でもない、その日はもう十二月三十日であり、どこの運送会社ももう正月休み。

それでも根気よく掛け続けると、ようやく引き受けてくれる会社があり、無事、年内に引越すことができた。

海に近いので、ほとんど砂浜の延長といった感じの庭。その端に古井戸があり、喜んで走り回っていた息子が足を滑らせ、のみこまれるようにして姿を消し、容子が悲鳴をあげた。私が近くに居たからよいものの、危うく命を失なうところであった。

大晦日《おおみそか》にトラック一台でわずかな家財を運びこみ、元旦《がんたん》には、彼女が年始を兼ねて、転居の挨拶《あいさつ》廻りに御近所へ。

案の定というか、「夜逃げ」と思われていたそうで、

「それにしても、皆さん明るい顔だったし……」

などと言われた由《よし》。

まだその頃は、半年なり一年なりのツケの支払い日が大晦日に集中し、年の瀬の町を借金を取る方も取られる方も血眼で走り回っていた時代。取りに来られる側は、大晦日をどうにかやり過ごせば、しばらくは猶予《ゆうよ》ができるとあって、正月を前に夜逃げする一家もあった。

借金取りから逃げる苦労こそなかったが、容子は結婚以来、牛馬のようにロープを

鼻に通され、引き廻されている思いがしていたかも知れぬが、御近所にも恵まれ、次女も授かり、この温暖な海辺の町でようやく腰を落ち着け、亡くなるまでの四十年以上を暮らすことになる。

いや、結婚以来どころか、幼い頃から満州を転々としたり、戦中戦後と流され続けてきた彼女にとって、茅ヶ崎は生まれてはじめての、芯《しん》から落ち着けるホーム・グラウンドであったように思える。

四

茅ヶ崎に居を構え、少しずつ作家生活も軌道に乗ってきたということか、マスコミが私を取り上げる機会も増えてきた。ただし、ある週刊誌では「内幕作家」として、別の週刊誌では「企業小説家」などとして。

城山はそうした限定付きの、いわば珍種の物書きではあっても、本物の作家ではない、といったニュアンス。取材はよくしているからというので、「足軽作家」とも。これは、まだ武士ではない、という含みもあったか。

いくぶん差別されている感じで、私としてはおもしろくなかったが、
「いまは作家が多いから、逆に、看板をつけられるのは得ですよ」
と、慰め顔で言う編集者もいた。
茅ヶ崎の家も増築前で狭く、お茶など運んで来る度に、それらの話を耳にしたはず
だが、容子はついぞ、何も口にしなかった。夫が話さなければ、無い事と同然といっ
たふうであったし、事実、私の作品を読んだ形跡も無かった。
そうした家庭と仕事の分離が続いて行くなら、それはそれでいい。というか、その
方が私にはありがたい。寝ている児《こ》を起こす必要など無いと思っていたし、幸い彼女
はその点において、生涯眠り続けてくれていた。亭主が何を書いているか知らないけ
れど、喜んでくれる読者がいるのなら、それでいい、という風情《ふぜい》でずっといてくれた。
私のため、助手代わりに新聞社主催のナポレオンについての集中講義を聴きに行っ
てくれたときも、きちんとノートはとってくれながらも、「ナポレオンを書くの？」
「どんなところに興味あるの？」などと聞いてくることは、ついぞ無かった。それで、
私には「必要にして十分」であった。変に質問などされたら、作品（『彼も人の子ナポ
レオン』）を書く気を失なっていたかも知れない。
彼女は、夫の作品の売れ行きなど気にする様子も無かった。もちろん、ベスト・セ

ラーになれば、喜びはしたものの。

私の出費について、文句を言ったり、訊《たず》ねたりすることも、ついぞ無いままであった。

小銭入れや財布の中味が減っていれば、出かけるとき足してある。旅などから戻り、財布の底が見えかけてでもいれば、「大丈夫だったかしら」と、気の毒そうな表情をする。永い年月、その繰り返しで、終わった。

一方、私は私で、どこからどれだけの振り込みがあり、どこへ出て行ったか知らないし、知ろうともしなかった。いちいち鬱陶《うっとう》しいし、知ったところで、どうということはない。

それに、経済にかかわりのあることを書いている以上、「瓜田《かでん》に履《くつ》を納《い》れず」であるべきと思っていた。だから、投機だの運用だのとは、まったく無縁。

このため、株の配当金の振込通知などが来るようになって、吃驚《びっくり》した。その時になってはじめて、彼女が金融筋などのすすめで株を買っていたことを知ったのだ。

「経済の勉強になると言われて」などと、彼女は申訳無さそうに言ったが、普通の主婦でも手を出しそうな銘柄や金額なので、それが「勉強」になり、楽しみにもなるならと、こちらはうなずくだけであった。

後に、持株が騰《あが》ったと嬉しそうに報告してきたこともあったが、興味もなく聞き流すだけの私を見て、株を手放すようになっていった。

五

作家生活を続ける中、気になることが出てきた。運動不足である。

日本経済が安定成長の軌道に乗り、質・量ともに栄養が十分に摂《と》れるようになって、年齢や性別を問わず、世間的にも「運動不足」が問題になっていた。

では、私は何をするか。

町なかにジョギングというか、ランニング姿が、まず目につくようになったが、これには私はそっぽを向いた。

中学生（旧制）時代、私は陸上競技部に所属し、中距離レーサーとして、毎日のように走らされていたからである。

当時から、走るのが好きだったわけではない。部活を選ばねばならぬとあって、チームでなく、一人でできるものとして陸上競技を選んだまでのこと。ただただ走りをくり返したところで、それが楽しいという気分にはなれなかった。

少年時代に楽しくなかったことを、大人になってから再開する気は全く無い。

とはいえ、「何か運動を」という気分は消えない。

そうしたとき、家の近くを散歩していて、「空手道場」の看板が目に入った。

空手なら個人競技だし、勝敗を分けるというゲームの楽しみもある。いったい、道場の様子は、どうなっているのか。

「ちょっと拝見」と、覗《のぞ》いてみたいのだが、仕事途中の散歩とあって、それだけの元気というか、稚気も無い。

そこで、彼女に偵察を頼んだ。

「いいわ」

と、彼女は二つ返事で出かけていった。

出かけていった後から思えば、普段着で主婦然としたまだ三十そこそこの彼女が、何と言えば男たちの道場に入っていけるものなのか。

しばらくすると、いくぶん上気した顔で戻ってきた。

「主人の代わりに見学させて下さいますか」と訊ねたら、四十歳ぐらいの師範が「どうぞ」と応対してくれ、申込書や規約を渡され、入れて貰《もら》えた。

「若い人ばかり。熱心で、何だか、汗くさい感じがしたけど、きびしいだけでなく、ちょっと楽しそうにも見えたわ」

おかげで、私はこの道場に通って、毎回稽古着《けいこぎ》を血に染めながら、やがて空手の黒帯を貰うことになった。

次に文武両道というわけでもないが、先にも触れたナポレオンについての講義を、彼女に受けさせた。

青山で開かれる連続文化講座の一つに、『ナポレオンの生涯』というテーマがあり、十週にわたって講義があるのだが、そこへも私の身代わりに行かせ、ノートをとらせた。

やがて書くべきテーマとして、ナポレオンなる人間を私なりに洗い出してみたいと、内外の資料をかなり読んではいたが、西洋史の専門家の話を、じっくり聴いてみたいと思いたった。

ただし、仕事や他の用件に妨げられることもあり、毎回通う自信が無かったし、私の正体を知られて、話しかけられたりするのは苦手だし——と、彼女に受講させることに。

彼女は、二つ返事で応じた。

出たがりの彼女としては、夫のためという「公用」ならば、大きな顔して東京に出て、公用さえ済ませばついでに日本橋や銀座などへ廻ることもできる、という腹づもり。どちらがついでか、知らないけれど。

ただし、今度のパイロット・フィッシュの役目は、空手道場の場合と違って、ただ様子を見てくるだけでなく、書きとめて来なくてはならない。

その講義は、昼食後の睡《ねむ》い時間。

このため、いちおうはきちんと取っているノートの欄外に、「前のおじさんが、がくんと首を折った」とか、「後から鼾《いびき》が聞こえます！」などという状況説明が入る。

さらに進むと、「あ、睡い、睡い！」などという彼女本人の告白も。

何とか眠らずにノートを取り終えると、（私は見たわけではないが、きっと）いそいそと銀座方面に出てウィンドー・ショッピングを楽しみながら、お値打ちのものに眼を光らせる。帰宅しても、感想や興味など無いのか、口にすれば夫の邪魔になると知っているのか、講義については何も言わずに、「はい」とノートを渡すだけ。

いつだったか、帰宅するなり、「今日も頑張って、地下鉄に乗らずに日本橋から新橋まで歩いたわよ」と言うので、こちらも「いや、地下鉄に乗ってくれた方が安いんだけどね」なんて。

まことにのんきというか、気ままなパイロット・フィッシュであった。

亡くなった後で、容子が筆ペンで走り書きした一葉のメモが出てきた。

「〃虫の音と
夫の寝息の
競い合い〃
午前一時、
あゝねむい……」

睡いわりには、相変らず勢いのいい字。最初の三行は俳句のつもりだろう。一刻も早く横になりたいという感じが出ている。

思い返せば、私より先に床に入っている容子の姿を見たことは無かった。

もともと私は朝型だし、クラブ通いやマージャンなどで夜ふけになってようやく帰宅、というタイプの作家でもない。

一方、彼女は電車通学する子どもたちのために、早朝から起きて用意をしなければならぬ。

その点はどの家庭でも同じだが、文士の場合、亭主がほぼ一日中、家に居るため、女房は昼寝ひとつできぬことになる。昼夜を問わぬ感じで、亭主宛の電話は掛かってくるし、来客もあるし、用事も言いつけられるし、物音にも注意せねばならないだろう。居職《いじょく》の亭主など、女房にとっていいことなど一つもない。そうこうしているうちに子どもたちが帰ってくる。休む間もない。

いまになって改めて気づいた私は、胸をえぐられる思い。冥土《めいど》から呼び戻し、腕《うで》枕《まくら》して眠らせてやりたい。

六

空手道場以来、味をしめた私は、容子をパイロット・フィッシュに仕立てることが多くなった。彼女も、大っぴらに出かけられるので、喜んで引き受けるのは、書いた通りである。

ある時は、パイロット・フィッシュの役割を越えて、中曽根康弘さんの事務所にお金を持っていかせたこともあった。

私が中曽根さんに頼まれて、彼の地元群馬の新聞のために対談をしたところ、帰途、

「田舎の新聞社で対談料が非常に安いから、これも些額《さがく》だけれど」と中曽根さんが封筒を渡そうとしてきた。

「僕はそういうものは一切受けとりませんから」

「いや、とにかく受けとってくれ」

などとエレベーターの前でやっていたら、他の人が来た。やむなく、いったん貰ってきて、翌日容子に返しに行かせた。ちょうど事務所に中曽根さんがいて、愛想よく応対してくれ、壁に掛けた絵を「これ、僕が描いた絵です」と彼女に言った。

私はこの話を聞くと少し不安になって、

「何て答えた?」

と訊くと、容子は慌てず、

「何も言わないわよ。だって、絵なんてわからないもの」

「……そういう時は、力強い絵ですねとか何とか言うんだ」

容子も私同様、お愛想のうまい人間ではなかった。

また、別の時。

これはパイロット・フィッシュ本来の役割として、都心のマンションを探させたこともあった。

彼女のためにも職住分離が望ましかったし、私も取材や対談、インタビューなどのため、東京へ出ることが多くなり、かなり混むこともある湘南電車での往復が苦痛になって来てもいた。仕事部屋としてマンションのワン・ルームでもと思いたったのだが、人見知りで面倒くさがりの私は、不動産屋や不動産会社へ出かけることが、まず億劫《おっくう》。

そこで、彼女をパイロット・フィッシュとして先行させた。マンションとなると値は張るが、買物は買物。買物ならば、容子の方が私より得意だろうという判断もあった。亭主は経済を研究し、経済人についての小説などを書いたりしてはいるが、実地の経験は彼女の方がはるかに豊富。

彼女は不動産会社の社員に案内されて、とにかく物件を見て回り、「これなら、OK」ということになってはじめて、私も重い腰を上げて出かけた。

最初は、浜松町駅前といってよいマンションの一室を買った。

たしかに便利であり、体も楽になった。大磯住まいの批評家福田恆存さんが、私の真下の部屋を買われたのも、同じ動機からだったと思う。

ところが、折柄《おりから》のマンション・ブームの最中で施工を急いだせいか、ドアの覗きレンズが逆につけられていて、外から部屋の内部が大きく見えるという不手際《ふてぎわ》があったと、管理人が漏らしもした。

レンズは修繕すればいいが、いざ使ってみると、ワン・ルームというのは、さまざまな点において、便利のようで不便。仕事場だから、資料そのほか散らかし放題にしてあるので、いきなりの客に困るだけでなく、約束の客の場合にも、ある程度は片付けておかなくてはならず、まして、お茶ひとつ出す気にもなれず、結局は近くの店まで出る——ということになる。

このため、形だけでも二部屋あるマンションへ買い換えたが、今度は一階のグリルからの匂《にお》いが上ってくる。あるいは騒音がひどかったり、編集者と落ち着いて打ち合わせなどできぬ雰囲気であったり、注文が多いというか、気難しい私には納得ができない物件ばかり。

そこで、また別の土地、別のマンションへと、次々に買い換えが始まった。結局、六本木など都心では駄目だということで、千歳船橋《ちとせふなばし》、成城学園、多摩川園……と、更に買い換えを続けた。

そして、その度に、我が家のパイロット・フィッシュへ出動命令。

例のごとく「公用」で東京へ出られるというので、我が家のパイロット・フィッシュは、尾を振るようにして出て行く。

幾度、この種の光景をくり返したことか。

やがて、余りにも買い換えが重なったため、さすがのパイロット・フィッシュも音を上げ、尻尾《しっぽ》を振っては出かけなくなった。ひと段落つく毎《ごと》に、溜息《ためいき》をつき、座り込み、ついには悲鳴を上げた。

「あなた、ブラウスでも買うみたいに、マンションを買わないで」

適切であり、かつ痛烈な表現。

数えてはいないが、十回を軽く超すマンション流転《るてん》。パイロット・フィッシュだけではなく、こちらもくたびれていた。まだまだマンション・ブームの真っ只中《ただなか》とあって、物件はすぐ捌《さば》け、実害こそなかったが、まさに「骨折り損のくたびれ儲《もう》け」。容子の負担軽減も目的にあったのだが、かえって疲れさせただけ。

とはいえ、「マンションがらみが無くなり、その分、彼女の東京行きも減るか」と思ったが、そちらは一向に変わらず、いたって忠実《まめ》に続けていた。

最初は同調というか、理解していた容子にも、ついには呆れられて、結局、マンションは諦《あきら》めて、仕事に追いこまれたときなどは、私は東京でホテル暮らしをする、という振り出しの形に戻った。

マンションを買い換えている間に、首都高などが次々に整備され、常宿にしていた芝のPホテルのすぐ傍にも高速の出口ができ、彼女の運転でも行き来しやすいということになって、夫婦ともどもホッとした。

やがて、私は報いを受けた。幸いにして、運転していた私だけが乗っていたのだが、自動車事故を起こしてしまった。

記憶しているのは、事故後のシーン。

乗っているというか、乗せられている車が、海岸沿いの国道一号線をフル・スピードで走る。しかも、先行車輛《しゃりょう》を次々に押しのけるようにして。

私の耳には、サイレンを鳴らす音も聞こえていた。

なぜ、私の乗っている車は、こうした走り方ができるのか。すばらしいスピードと乗り心地で、宙を浮いている感じもあり、快適ですらあった。これはどうしたことだろう?

その答が出ないうちに、私はどこかの病院へ運び込まれていた。いったい、どんな事故を起こしたのか記憶にない。気がつけば、救急車に乗せられていた。

コスモは大破し、駈けつけてきたマツダの社員はその惨状に、

「間違いなく大怪我《おおけが》か、ひょっとすると亡くなったかと、足がふるえました。……で

も、よかったですね」

と、家内に言ったという。

柔軟な構造の車であったのであろう、大破の割りには、私の怪我は軽く、私はまたコスモを買おうと思ったが、さすがにこのときは言い出しかねた。

逆に、容子に先手を打たれた。

「あなたはいつも、ぼんやり考え事しながら、運転しているみたいだった。もう運転はやめた方がいいわ」

少年兵時代に染《し》みついた感じ方が惰性で続いているのか、私は死について、どこか軽くというか、運命的なものと受けとめる癖が、ずっとあった。しかし、私はいいが、他人を巻き込むようなことがあっては大変。私は容子にうなずき、それっきり運転をやめた。

それから何年も、何十年もたって。

私は、鳴りひびくサイレンを耳もとで受けながら、再び救急車に乗っていた。

ただし、このときは、ベッドに寝かされているのが、容子。その傍の小《こ》椅子《いす》でうろたえているのが、私であった。意識を失っている容子が心配でたまらなかったが、同時に、救急車に乗るのはあの自動車事故以来二度目だな、などと埒《らち》もないことを考えたりもしていた。

病気らしい病気で寝こむことなどなかった容子が、少し前から、ときどき横になって、体を休めるようになっていた。次女が実家に寄った時、目敏《めざと》く母親の変化に気づいて、「詳しい検診を」と強く勧めた。

以前から親切に診てもらっていた町医に出向いて簡単な検査を受けると、昔なじみの医師はたちまち顔をきびしく強張《こわば》らせて、「これは癌《がん》の疑いがあるので、近くの大病院へ行って、すぐ精密検査を受けて下さい」と言った。

私に町医の言葉を伝える容子は不思議と落ち着いており、彼女のことを気遣わなければならない筈《はず》の私の方が呆然《ぼうぜん》としてしまった。

その翌週だったか。

私はそれまでの生涯に無い緊張に包まれ、駅前の仕事場で彼女が着くのを待っていた（東京のマンションは諦めたが、来客などで容子を煩《わずら》わせぬよう、地元のマンションの一室で仕事をするようになっていた。健康に気づかってくれた献立の弁当を持たされたりして、いわば自宅から駅前まで徒歩で毎朝「通勤」する形）。

容子が数日にわたる精密検査を受け、その最終診断が伝えられる日であった。

最悪と予想される彼女の報告に、どういうふうに応《こた》えるべきか、彼女に何と言えばいいのか、朝から考え続けても心が定まらぬうちに、エレベーターの音がした。私には何の自信も、何の決断もなかった。

同じフロアには他に一室しかない小型のマンションであり、エレベーターから降りてくるのは彼女に間違いない。身構えるような心持ちになったが、ドア越しに唄声《うたごえ》が聞こえてきた。それも、子どもたちがよくハミングするような「ラン、ラン、ララ、ランランラン」といった昔ながらのメロディである。

「相変らず、のんきな女だ」と、私は思った。こちらが、こんなに張りつめた思いで待っているところへ、何というのんきな……。

「最悪の診断も覚悟して」と、かかりつけの医者に言われ、本人も私もそれなりに心の準備をしていたというのに、まるで、それらすべてが嘘《うそ》だったように、明るい鼻唄が近づく。ひょっとすると朗報なのか、いや糠喜《ぬかよろこ》びしてはいけない――。

私のそんな緊張など思ってもみない感じで、いつもながらの陽気さでと、腹立たしく思いながら、ドアのロックを解きにかかったとき、懐《なつか》しいリズムで彼女が唄っていた歌詞が、はっきり耳に聞きとれた。

「ガン、ガン、ガンちゃん、ガンたららら……」

こんな報告ってあるのかと、腹立たしいやら、半ば救われる思いやら、私はもどかしいような気持ちでドアを開けた。二人は見つめあった。

救われない結果であるが、容子のおそらくは咄嗟《とっさ》の唄のおかげで、とりあえずは、にが笑いの顔をして迎えれば済み、そのあとはお互いに表情や腹の内を読んだりする必要もなく、唄のリズムの延長上で、これからどうするか、話し合えばよい――という流れになった。

容子は断固として手術を拒み、抗癌剤も拒み、入院も拒んだ。長年住み慣れた自宅で暮らし、時折、通院して、こちらで希望するワクチンなど注射をしてもらう――という方針を決めた。

それからの日々を思い出すのは、いつまでたっても、つらい。体重計に乗るのを嫌がるくらい、ふくよかだった容子が、だんだん痩せていっているように見えた。第一、食欲があまりなくなった。昼間は明るく振舞い、大きな声も出しているが、夜になると、寝言のように「パパ、助けて」と呟《つぶや》く。私は、ただ「大丈夫だよ。ここにいるよ」と言って、布団の上から叩《たた》いてやることぐらいしか、できなかった。またスゥーッと眠りに入ったのだろうか、容子の寝息が聞こえてくるが、荒く、短く、息苦しいように思えて、かわいそうだった。

祈るようにして晩秋から年の瀬にかけての三ヶ月が過ぎた。そしてある夜彼女は洗面所で倒れた。

突然サイレンはやみ、私は病院に到着したことを知った。深夜にもかかわらず、何人もの医師や看護師などスタッフが待ち構えてくれており、慌《あわただ》しく容子をICUへと連れ去って行った。彼ら彼女らの熱心で、献身的な処置ぶりを目《ま》の当たりにして、かえって私は「ああ、ここまでやってくれたのだから、もう容子が逝《い》っても仕方がないんだ」と自分に言い聞かせることができた。

二日後、心肺停止状態だった容子の意識は奇跡的に戻ったが、二度と退院することはなかった。

七

一枚の写真がある。

黒いオーバー姿の彼女が立っている。車の来るのを待っているのだが、見送りの人たちに気を使い、また、カメラを向けている私のことも気にして、緊張のあまりか、どこか不安定で心細げな、淋《さび》しそうにさえ見える姿でもある。

これから新婚旅行に出る花嫁、という華やぎや嬉しさなど伝わって来ない。

本人同士はその気でいたのに、彼女の父親の怒りに触れて絶交させられた。その後、偶然に再会してからは、密《ひそ》かに交際を続け、やがて私の母の文字どおりの奔走で、あわただしく結ばれることになった。

名古屋という土地柄は、結婚については保守的で、恋人同士が一緒になるというより、「家と家との結びつき」という意識が強く、間に仲人《なこうど》を立てたり、「聞き合わせ」と称して互いの家の情報収集をするのが常識。そんな名古屋的手続きを無視して、母は単刀直入に先方の家へとどんどん乗り込んで行った。江戸っ子で大陸帰りという、さっぱりした気性の容子の父親が私の母の直截《ちょくせつ》なやり方を気に入って、打てば響くようにたちまち話が纏《まと》まってしまったのだ。

名古屋における結婚式はと言えば、家と家を結びつける儀式だからか、華美なというか派手な式場や披露宴で今も有名だが、当時の私は「文部教官」とは言え、貧乏な駆け出しの経済学者に過ぎず、また結婚のいきさつからも、そんな式を挙げる気は毛頭なく、さっさと市営の式場を押さえ、新婚旅行先は九州へと決めた。これは、温泉が愉《たの》しみというより、動物好きの私が高崎山の野生のサルに会いたかったため。

この間、さまざまなことがどんどん決まっていき、容子は、希望もあった筈の新婚旅行先はもちろん、結婚式の次第についてさえ、ほとんど相談されることがなかった。だから、写真にも、まるで未知の土地へひとりぼっちで送り出されて行くといった風情で写っている。

また新婚旅行の写真は、容子とサルが写っている一枚だけがなぜか残っており、私としてはお気に入りの写真なのだが、容子は後年まで、「私をサルと同じ扱いにして喜んでる！」「サルと新婚旅行したみたい」などとぶつぶつ言っていた。

結婚式では、彼女の父親が酔って、裸踊りを披露し、満座の喝采《かっさい》を浴びたのだが、そちらの感想は聞きそびれたままになってしまった。

容子の父親、小山顕太郎は東京で資産家の長男として生まれ育ち、立教大学を卒業。東京府庁に就職した。

ただし、昭和の初めなのにオートバイを乗り廻すというモダン・ボーイであり、プレイ・ボーイ。地味な役所仕事が性に合う訳がなく、満州のハルピンに居る知人から誘いの声をかけられると、あっさり退職した。

すでに妻帯し、一男一女（長女が容子）の父となっているのだから、とりあえず自分だけ出かけて現地の様子など調べ、その上で妻子を呼び寄せるべきなのに、いきなり一家四人で対馬《つしま》海峡を渡り、朝鮮半島を南から北まで縦断し、さらに南満洲鉄道を延々と乗って、ハルピンへと繰りこんでしまった。

そこで知人の紹介する商売を始めたのだが、一々、客に頭を下げるような日々は、やはり性格上、長続きしなかった。

そうしたとき、妻が急逝。後添えに迎えた女性もまた疫病《えきびょう》に斃《たお》れた。

このため、さすがにハルピンに永住する気をなくしたところへ、偶々、大連市役所に口があるとの話が伝わった。

「運は水に乗って流れてくる」というが、我等もその流れに乗ろうというわけで、再々婚の新妻と二児を連れて、今度は満鉄を延々と南へ逆行することに。

実質的には、流れ流される形だが、それが苦にならない。数日がかりで気の遠くなりそうな満州の広野を戻るわけで、妻子は哀れだが、自分はオートバイを走らせるように、次々と挑んで行く気分であった。精神面のタフさだけでなく、肉体の方も、ちょっとのことでは中々へこたれなさそうな、大柄で頑強な体つきをしていた。

容子は、こんな父の意のままに、満州を転々とした。

容子の死後、クリスマスが私には苦手のシーズンになった。

とりわけ、「ジングル・ベル」は、もともと頼りなげで、センチメンタルなメロディ。それが、街角でふいに耳に入ったりすると、身にこたえて来て、瞼《まぶた》が熱くなったりする。妖精《ようせい》が空を泳いでくる感じに、容子がダブってくる。

「いい歳《とし》をして、何を女々しい」と、わが身を叱《しか》ってみても、あの音楽があちらからも、こちらからも聞こえてくると、彼女が天国に行けず、さすらっているのではないか、と思えてくる。あるいは、残された私のことが心配で、天国に行けないのか、とも。

二人で、クリスマスの時期に、「ジングル・ベル」の話をした記憶があるのも良くないのかもしれない。

二人でぶらぶら賑《にぎ》やかな町なかを歩いていると、あのメロディが聞こえてきて、

「僕がミッションの幼稚園に通っている頃から、童謡のように馴染《なじ》んできた歌だよ。戦争中、家の近くにイギリス兵なんかの捕虜収容所があってね、母に言われて、彼らのためにこっそり賛美歌を歌ってあげたこともあったな」

などと話す私に対し、彼女も、満州にいた頃から耳に馴染みのある曲だと答えてか

ら、私の知らぬクリスマスの風景を披露した。

ハルピン時代、一面に氷結した松花江の一画を割ってプール状にし、そこへ白系ロシア人のおばさんたちが勢いよく次々に入水して、聖誕祭のお祈りを捧《ささ》げていた――と。

私には思ってもみなかった荒々しくも美しい、エキゾチックな光景であり、彼女の瞼に灼《や》きついている感じであった。意味はわからないながら、そのお祈りの響きや賛美歌のメロディも、彼女は覚えており、口ずさんでみせた。

大連に一家が移ってからも、それなりにエキゾチックなクリスマスがあり、また正月があったようだが、その後、それらを一気に吹き飛ばすような光景に放りこまれる。

昭和二十年夏、今度はソ連軍の男たち、それも水道の使い方さえ知らぬような男たちが、機銃を構えて乱暴に踏みこみ、手当り次第の暴行や掠奪《りゃくだつ》。

容子たち少女は、頭を坊主《ぼうず》刈《が》りにし、男の子に化けて難を逃がれるのに、文字通り必死であった。

敗戦後一年ほどもたって、一家はようやく日本の引揚船に乗船できた。

その船が離岸するや否《いな》や、顕太郎は「露助の馬鹿《ばか》野郎！」と絶叫した、という。

いずれにせよ、尋常でない少女時代。

だから、彼女は妖精になったのか。にもかかわらず、妖精であり続けたのか。あの明るさ、おおどかさ、闊達《かったつ》さ、周囲にやすらぎを与える力——戦争から帰ってきて以来、手探りで生きていた私に、さまざまな贈物をしてくれた彼女は、終生、妖精であった。

茅ヶ崎に住み始めてからのこと。

ある師走《しわす》、小さな敷物を買うことになったとき、

「ハルピンの家には、虎《とら》の皮の敷物があって、それがものすごく怖かったわ」

ぽろりと、容子が言った。

私は聞き咎《とが》めた。熊《くま》の皮ならともかく、虎の皮とあっては、かなり高価であったに違いないと思ったのだが、知り合いの中国人実業家からの贈物であったという。

もちろん、その中国人には思惑あってのことだが、その思惑が容子には意外であり、心外でもあった。

やがて、幼ない容子を養女に欲しい、という申し入れがあった。容子の実母が急死して間もないというタイミングを抜け目なくとらえてのことである。

養女にした後、どうするつもりなのか。その辺は曖昧《あいまい》というか、何か約束したとこ

ろで、守られるとは限らない。もちろん、顕太郎は一蹴《いっしゅう》したのだが、容子の心に何がしかの影を残した。

その後、満州時代を思い出しては、あれこれ話すようになった彼女であったが、「虎の皮」のきっかけがなければ、ついぞ語ることが無かったであろう。

それほど、彼女にとっては、ショッキングな思い出であり、満州でのさまざまな体験は「何かあれば、思いもかけぬところへ流されて行ってしまう」という実感というか諦めを、早々に身につけさせる一因となった筈である。それが彼女の場合、のびやかさや明るさになって、現れていたようにも思う。


容子たちの流転に似た暮らしは、帰国してからも続いた。

引き揚げ後、まずは縁戚《えんせき》を頼って、富山県魚津へ。

そこは偶然のことながら、妖精にふさわしいような、人をからかうような、蜃気楼《しんきろう》の名所でもあった。

もっとも、彼女の目には不思議な光景と映っただけ。

父親に従って、はるばる流れて来たものの、さて、この先、どうなるのか。彼女に判断する材料は無く、とりあえずは相変らず流されるままに生きることしかできない。

魚津は、米はもちろん、魚や野菜にも恵まれた土地で、また縁戚にも親切にされて、終戦直後の当時としては恵まれた暮らしぶりではあった。

ただ、それも一時的なものであり、顕太郎は仕事を遠近に探し求めた挙句、弟の住む名古屋へと移ったが、その名古屋も全市焼野原の中からようやく立ち直り始めたところで、顕太郎が見つける住居も仕事も仮のものが多く、それに見合って彼女も高校を転々。

三つ目の住居で、顕太郎は小さな酒場を開き、彼女も流れ流れて三つ目の高校で、ようやく落ち着いた。

こうして、妖精は私の目の前に舞い落ちることになる。

八

二人が知り合ったのは、偶然と錯覚からであった。

場所は、名古屋公衆図書館。私が名古屋に居るとき、よく通った図書館である。そこは、もともと矢田績《やだせき》なる実業家が私財を投じて建物も蔵書も寄贈したものだけに、経済関係の文献がとくに充実しており、私の父も若い頃、足繁《あししげ》く通った図書館であった。父はこの図書館の本から仕入れた知識で、渋沢栄一がどうの、大倉喜八郎がどうのと、さまざまなエピソードを少年の私に語ってきかせてくれた。二代にわたって、同じ場所で同じタネ本を読んだ形。

大学生だった私は、帰省中のその日もふらりと出かけたところ、「本日休館」の札がぶらさがっていた。

それは、定例の休館日ではない曜日の朝であった。何かの都合で振り替え休日になったのであろうが、その説明が見当たらなかった。

「どうして、休みなんだ」

私は思わず、つぶやいた。半ば、ひとりごとであった。

「ほんと。どうしてかしら」

私とほとんど同時に、固く閉ざされた扉の前に立った若い女性の声。やはり心外なので、つい応える形になった様子。

いずれにせよ、いつまでも、そこに立っていても仕方がない。

「うーん、帰る他ないですね」

「……そう？」

女性は未練があるようであった。私以上に図書館の休館が心外という感じ。若い女性なのに、かなりの読書家らしい――それが、私の錯覚の始まりであった（後でわかったことだが、彼女は本好きでも何でもなく、この日は高校の行事をサボり、溜《た》まった宿題のために、半ば厭々《いやいや》、図書館に出向いてきただけであった）。

あらためて彼女に関心を持って全身を眺めると、鮮やかなオレンジ色のワンピース姿に、一目惚《ひとめぼ》れしそうな優しい感じの顔つき。

妖精が落ちてきた――そんな言葉が胸をよぎった。

その思いを隠すように、私は努めて落ちついた声を出した。

「栄町まで行きましょう。ぼくの家も、その近くだから」

栄町とは、名古屋のシティ・センター。電車にせよ、バスにせよ、市内のどこへ戻るにも便利なはず。とりあえず一緒にそこまで、と誘った。

肩を並べて歩き出してから訊《き》けば、彼女の家は中村公園近くだという。栄町に向かったのは、正解であった。そこの停留所から西へ向かう市電に乗りさえすればいい。

ところが、栄町まで来たところ、彼女はその停留所に向かわず、私と並んで交差点を西へ渡り、なお、歩き続けようとする。

このため、自宅のある北へと折れるべき私も、そのまま西へ。

たまたま、その界隈《かいわい》は広小路といい、名古屋のいわば銀座通りであり、出来立てのアベックが出現しても不思議でもなければ、怪しまれもしない。

こうして二人は西へ西へと歩き続け、かなり行ったところで、アメリカの音楽家の伝記映画を上映している映画館の前に出た。アメリカ映画好きの私がかねて見たいと思っていた映画。

彼女が図書館で潰《つぶ》すだけの時間を持ち合わせているのはわかっている。誘ってみると、彼女は素直にうなずいた。

映画を見た後、目についた喫茶店に入って一服。再会のために、彼女のアドレスを訊き、手帳に書きとめた。

近所の図書館に行くつもりだったのだから、ごく素っ気ない身なりだったし、そんなに愛想もないし、目つきもするどいので、

「刑事さんみたい」

とは彼女のコメントだが、実はこのとき、刑事よりこわい男に目をつけられていた。

名古屋は、徳川時代二百六十余年の間、一貫して尾張《おわり》藩の城下町。東海道筋の要衝であり、このため家康は巨城を築いて、その九男を配し、西への備えとした。家柄も徳川御三家筆頭の大納言《だいなごん》。

このため、城下の治安には格段の注意を払っていた。中心部から少し外れると幾重にも折れ曲がったり、ほとんど迷路まがいのような道があり、これは外敵の侵入の備えであった。明治になって、徳川将軍家の治世でなくなっても、保守的・排他的な土地柄は変わらず、司法や警察の力が強く、戦前には「教護連盟」という学生・生徒の素行を監視する組織もあった。

戦後も、おせっかいにもというか、民間のボランティアが同じような組織を作り、彼らの気に食わぬ学生や生徒たちを見ると、問答無用で親や学校に通報するのである。そして、容子の家の近くに住む、そんなおせっかいな男が、映画館から出てきた私たちを目撃し、尾行までしていた。早速、私たちの行動は彼女の父親である顕太郎に筒抜けになり、激怒した彼の指示によって容子は私との絶交状を書かされることになった。絶交状を受け取った私は、いかにも滑稽《こっけい》なことに、一度しか会っていないあの妖精を伴侶《はんりょ》にすることまで考えていた自分に気づいた。

こうして、妖精は私を魅了したかと思うと、あっという間に消えてしまった。大学卒業後、名古屋に戻ってきて偶然再会できるまで、あの妖精は夢か現《うつつ》か、と私を悩ませた。

九

彼女の没後、箪笥《たんす》の抽斗《ひきだし》の底から、二つの紙袋に納めた手紙の束が出てきた。いずれにも、夫婦の間でやり取りした手紙など、いわば往復書簡に類するものが含まれていた。

それらをひそかに保存していることを、彼女はついぞ漏らさなかった。職業柄、手紙や書類が溜まりやすいので、用済みとわかると、私が片っ端から整理し、破棄してしまうからである。

それにしても、なぜ夫婦の間での往復書簡かといえば、結婚直後に私は内地留学で一橋大学の経済研究所に単身赴任していた時期があるし、さらに、夏休みに私ひとりで信州の宿などへ泊りこみ、原書の翻訳に集中したりしていたからである。電話よりも、手紙や葉書の方がむしろ手っ取り早い気がした時代でもあった。

作家になってからは、取材などのため、私ひとりで長期間にわたる海外旅行もしている。旅程が決まっているときには、宿泊先のホテルのアドレスを書き残しておき、そこへ連絡事項や近況など家からの便りを送らせていた。

いずれにせよ、永年不眠症気味の私とは違い、ある時期まで彼女は健康そのもの。男女の平均寿命差に加え、私より四歳年少。きっと、私の方が先に逝くと彼女は思っていただろう。私だって、それが当然と思っていた。私はひとりで残されて、いろいろと困っている。

容子は、彼女ひとりとなった老後の時間潰しか楽しみのために、ひそかに二人の手紙を温存していたのだと考えられる。だが、順番は逆になってしまい、手紙だけが残された。私としては、「残念だったね。おあいにくさま」と言う他はない。

彼女の早とちりのため、往復書簡になりかかったケースもある。

一橋へ単身赴任中の私が、「七日の夜行で帰る」と書き送ったのに、七日の夜に名古屋へ戻ると彼女は思い違いをし、その夜はほとんど徹夜同然に待ち続け、夫の身に何か起ったのかという心配と、「待ち焦《こ》がれていたのに」という怨《うら》みの手紙の筆を走らせた。

そして、夜明けを待って投函《とうかん》した直後、帰宅した私の姿を見て、びっくり仰天。怒るやら、喜ぶやら、慌《あわ》てるやら、恥じ入るやら、反省するやら、の多重奏。

思いこみだけが先に立って、実際的な判断など吹き飛んでしまった結果であり、相変らずの妖精健在を思わせる一コマであった。


やがて歳月が過ぎると、残された往復書簡の数が目に見えて少なくなる。それは、取材や講演などで、国内外の旅に出ることになったとき、

「おまえも行くか」

と、何気なく訊くと、

「行く、行く。連れてって」

毎度のことながら、旅先のことなど訊《たず》ね返すこともなく、飛びつかんばかりについてくるようになったから。

「ドイツへ……」

「行く。行きたかった」

「今度はロサンゼルスに行くぞ」

「あ、連れてって。あそこも行きたい」

「神戸だけど」

「行きます」

これも、幾つになっても、変わらなかった。一緒にいるわけだから、手紙のやり取りをしようがない。

「それほど旅好きとは、結婚前に聞いていなかったのに」という思いもあって、

「おまえは、ほんとに旅好きだなあ。でも、どこにでも行くっていうのは、ほんとの旅好きかなあ」

私が首をかしげて言うのに対し、容子の答は簡単明瞭《めいりょう》であった。

「だって、家事しなくてすむんだもの」

私はにが笑いし、以後、同じ質問を口にすることなく、やや不本意なときも、大きな旅はいつも容子同伴で出かけた。

私は乗物では、必ず窓際《まどぎわ》に座り、洋酒の小瓶などを飲みながら本を読んだり、景色を眺めたり、ぼんやりとしたり、とにかく一人の世界に入るのが好き。旅の愉しみのひとつである。容子が通路側に座って、飲物やツマミを買ったり検札の相手をしてくれるおかげで、私は誰と話す必要もなくなり、この愉しみをより満喫できるようになった。彼女との旅は、そんな余禄《よろく》があった。

目的地に着けば着いたで、私は名所旧跡などひとつ、ふたつ見れば十分。あとはホテルやカフェで本を読んだり、行きかう男女を眺めたり、昼酒を嗜《たしな》んだり。彼女はお

値打ちの品はないかと、ショッピングへ。食事さえ一緒に食べられたら、それで満足。こんな二人だから、よく聞く旅先の夫婦喧嘩《げんか》など、起きようもなかった。

二人での旅の途上で作った句いくつか。

妻ともに車窓に花を追い疲れ　三郎
青嵐《あおあらし》二人の旅に酒うまし
麦秋に妻うたた寝の旅の果て
山みどり心みどりに二人旅
隙《すき》あらば買物に消ゆ妻の秋

単線の人無きホーム走り梅雨　容子
年重ね聖夜を語る夫婦かな
旅すがら亡父に見せたし春の富士

そして、容子がいなくなってからの句。

緑濃しひとりの夏の重きこと　　三郎
この夏は写真と共に花火見る
秋晴れに一人の旅の味気なく
まわり皆フルムーン客や秋の果て
一人旅当てもなきごと秋無聊《ぶりよう》
きみ没《な》くていつもの賑わいクリスマス
途々《みちみち》で写真に見せる春景色
春立ちぬ君の帰らぬ春立ちぬ
君なくて何の桜か箱根路

私は大草原や砂漠など広漠とした風景を好むが、彼女は買物のこともあって、ヨーロッパが好きだった。

そこで、ある夏、イタリアから南フランスへの旅に出た。

折柄というか生憎《あいにく》、南ヨーロッパはバカンスのシーズン。ドイツなどから、民族大移動といった感じで人々が押しかけ、観光地の広場などでは、水着姿どころか、半裸同然で寝そべり、ただただ日光を浴びている。

そうした群れの前を、私の居るカフェのテラスへ向かって、彼女ひとりが華やかなパラソルで身を隠すようにして歩いて来るのだから、一斉に、見咎めるというか、呆《あき》れたといった感じの視線を浴びせられた。なぜ、あの女はこの貴重な夏の陽射《ひざ》しを愉しまないんだと、まさに妖精でも見る視線である。それも、気のおかしくなった妖精を。

妖精慣れしていたはずの私も、さすがにその視線の矢ぶすまには、苦笑して眼をそらし、素知らぬ顔でグラス・ワインを口に運ぶ他なかった。

十

二〇〇〇年二月二十四日、杉浦容子永眠。享年《きょうねん》六十八であった。

病院では、亡《な》くなった実感や、静かに受け止める時間などなく、むしろ、手続きのようなものに追われる感じ。

必要な物があり、私はいちど自宅へ戻るべく、病院の外へ出た。

夜が明けようとする直前の時間帯だった。薄闇《うすやみ》の道路には、まだ車も人の姿も無かった。何の音もしない。少し先の交差点の信号だけが、まだ残る冷たい夜気の中で、光っている。

ふいに、作るつもりもない句が浮かんできた。

冴《さ》え返る青いシグナル妻は逝く

妖精の最後の悪戯《いたずら》か。二度とは聞けぬ別れのメッセージなのか。胸の底から塊りがこみあげてきた。

思いもかけぬ句を、何度も口の中で繰り返しながら、私は交差点を足早に渡って行った。

数えれば、容子との結婚生活は四十六年で終わってしまった。しかし、彼女のおかげで、私は誰にも負けない豊作続きの人生を歩むことができた。

彼女とは、もう、夢の中でしか会えない。

私が小説を構想し、あるいは執筆しているとき、その作品の登場人物たちが夢に出てくることがある。そして私は、そんな夢を見られたら、「これでこの作品を書きあげることができる」という、自信というか確信が持てる。それは、客観的な作品の質とは関係ないにせよ、作家としての私の大事なジンクスめいたもの。

例えば、容子の没後に書き上げた『指揮官たちの特攻』のときのように、特攻機が敵艦に突っ込んでいったりする、うなされるような夢を何度も見るのは辛《つら》いものだが、それでも書きあげる確信を得られるのは、私には大切なことであった。そして、書き終えると、特攻機の悪夢は見ないようになった。

容子のことを書くと出版社に約束をしたせいか、彼女も、幾たびとなく、夢に出てきてくれる。「おかげで書けるよ」と思う一方で、彼女についての本を書きあげるともう夢に出てきてくれないのかなと、ふと、思いもする。

なかなか、夢に現れてくれない時期もある。これればかりは、こちらがいくら強く願っても、うまくいかない。

やがて、久しぶりに、彼女が夢に出てきてくれると、私は眠ったままで、「会えた……」とホッとする。笑い返したりもする。

だが、夢はいつもあまりにも簡単に終わってしまい、私は焦《あせ》るように目覚め、索漠たる感情に捕らわれるのだ。

私はベッドに横たわったまま闇を見つめて、君のいない一日がまた始まる、と呟く。

久々に妻の笑顔よ夢醒《さ》めて
闇ひろがりぬ闇きわまりぬ

私は起きあがり、そんなつもりもないのに、ひとり言で質問をして、ひとり言でそれに応える。

同い歳《どし》の戦友と語る

吉村昭氏との対話集成

あの戦争とこの半世紀の日本人

城山　末期戦中派という言葉がありますが、我々の場合、本当に末期の末期ですね。

吉村　しかも最近は、僕たちの上の世代でものを書いている人が少なくなってきたでしょう。戦後、僕が同人雑誌に書いていた頃は、青梅《おうめ》マラソンのようなものでね、戦中派が前にたくさんいて、僕らは駆け出せないで歩いていた。いつの間にかいなくなってしまったんですね。

城山さんは終戦をどこで迎えられたんですか。

城山　広島県にいました。呉《くれ》の近くの郷原《ごうはら》にあった海軍砲術学校分遣隊、そこで終戦です。だから、広島市が原爆でやられたときは、すぐそばに雷が十個くらい一挙に落ちた感じがした。閃光《せんこう》と音と揺れがあまりに激しくて、学科をやっていたとき、教官がまずあわてて外に飛び出したんです。「冷静沈着」を説いていた教官が最初にいなくなってしまった(笑)。だから僕らも外に出てみると、山の上に白い雲が現れて、それがみるみるうちに白金色に光りながら広がっていった。でも、翌日からは、また普通にやっていたな。詳しい説明は何もない。「あれは光線を利用した爆弾だから、白いものを身につければいい」というので、僕たちは白い手袋なんかして教練を続けていましたが、広島に救援にいった部隊は二次被曝《ひばく》をしてしまいました。

吉村 僕はずっと東京にいて、そのまま終戦でした。家は昭和二十年四月十三日の夜間空襲でやられましてね。

夜間空襲というものは、むろん、たくさんの人が死んだ悲惨な出来事だったと言われるわけです。私も死体をたくさん見ましたけれど、それと同時に当時十七歳の僕にとっては、空襲は華麗なショーでもありましたね。夜間に米機が八十機ほどやって来る。サーチライトに高射砲、そして日本の戦闘機が体当たりして、もろともグワーンと落ちてくる。

城山 僕も、体当たりを見ましたよ。まだ、軍隊に入る前、名古屋への空襲でした。B29へ体当たりしていく爆撃機がいた。昼間でしたから、地上からはっきり見えた。見ていた僕らは、思わず手を合わせましたね。アメリカにしてみれば命ほど大事なものはないはずなのに、薄気味悪かっただろうな。

吉村 もっとも、当時サイパンで収容所に抑留されていた日本人に聞いた話では、帰投するB29も、相当に損傷を受けていて、海へ落ちたり、無事に帰ってもヨタヨタしていたそうですから、日本の戦闘機の迎撃や高射砲がB29にはまるで歯が立たなかったわけでもなさそうです。

城山 だけど、僕がいた郷原にあった高射砲は、大正十年式だって。嘘《うそ》かほんとか、ラバウルでも使っていたと、上官が言ってたけど、それじゃ届かないよ。

吉村 大正十年か、そりゃすごい（笑）。

城山 僕は、昭和二十年春からのわずか三ヶ月間ですけども、少年兵——正確には海軍特別幹部練習生というんですが——として志願入隊して、海軍の最底辺にいましたからね、上官に対する反発もあったし、底辺の兵隊の考えていることもよくわかった。まず、海軍というところは、ものすごい階級社会ですね。豊田穣《じょう》さんも書いておられたけれど、三等水兵の初任給が七円で、士官候補生は同年齢で七十円くらい。今の社会では考えられないでしょう。

吉村 それからリンチがひどかったでしょう？ 城山さんも『大義の末』で書いておられたけれど、僕の兄が入営した陸軍でもそれは大変なものだった。連隊まで面会に行った母が兄からそっと紙を渡されて、見ると「リンチが苦しくて自殺したい」と書いてあったそうです。兄は恋人から来た手紙が原因で、目の仇《かたき》のように下士官からシゴかれ虐《いじ》め抜かれた。「本当に自殺するんじゃないか」って、母親がしょっちゅう心配してたんだけど……。何なのかなあ、あの軍隊のすさまじいシゴキ、リンチというのは。日本人同士なのにねえ。兄は、戦地へ行ってからも相当やられたらしいです。結局、戦死しましたが。

城山 海軍でも、上の連中、とくに下士官はリンチが楽しみだったんです。虐めることへの喜びがあった、虐めることが生き甲斐《がい》だった——そんなふうにしか思えなかったですね。

吉村 だから、僕は、徴兵検査を受けて入営するということは、リンチされに行くことだと思っていましたよ。

城山 でも、よくそういった情報がありましたね。僕の場合は、軍隊というところは、もっと純粋に忠君愛国の組織であって、士官、下士官は兵を可愛《かわい》がるものだ、という建前をそのまま信じていた。部下を可愛がる上官の美談はあっても、リンチについて書かれた本なんてなかったものね。僕にとって海軍は、プラトニック・ラブの相手みたいなものでね（笑）。ところが入ってみると、寝たあともハンモックを切って落とされて、水をかけられて、ブン殴られる、夜もろくろく寝られない恐ろしい社会であるということがわかった。牛馬同然というけど、牛馬にも劣ってたと思うんですよ。牛や馬ならまだ寝ていられるけど、僕たちは寝ることもできない。

それから、変に競争意識が強いんですね。カッターの競争で、下士官が「うちの班が優勝しなかったら生かしてはおかん」と言って、絶えず棍棒《こんぼう》で頭を殴るものだから、頭がコブだらけになって大仏様みたいになった。牛や馬なら、下士官は蹴《け》り返されてるね。

吉村　城山さんは、自ら志願して海軍の特別幹部練習生になられたわけだから、強烈な意識があったのでしょうけど、僕などは、結核を二度やって、徴兵検査の十日ほど後に終戦でしょう。ただ何となく静かに、兵隊になって銃をとるんだなあ、と思っていました。

城山　しかし、吉村さん、戦争のことを書くのはつらいよね。僕は戦争中に自分が信じたものに決着をつける意味で『大義の末』を書いたわけで、当初、作家になろうとは思わなかったんです。時代の証言としてあの体験だけは書いておきたい、それを書けたらあとはいい、という気持だった。吉村さんが『戦艦武蔵《むさし》』を書いたのは、技術的なものへの興味からですか。

吉村　いいえ、そうではないんです。三十六、七歳の頃、たまたま戦艦武蔵の造船記録を人から半ば強制的に見せられた。別にそれまで戦争ものを書く気がなかったというわけではないんですが、その記録を見たらね、専門用語が多くてよくわからないんだけど、そこにはあの戦時の「熱気」があったんですよ。徹夜、徹夜で工員たちが働いてね。ああ、これこそが俺が見ていた戦争だ、これがあの当時の日本人だ、これはどうしても書かなくてはならないな、と僕は思ったんです。

城山　「熱気」か。やはり、そうですか。誰も戦争に疑いを持たない時代だったものね。

吉村　城山さんと僕が生まれた昭和二年から終戦を迎えるまでの十八年間は、まさに戦争の連続だったわけでしょう。満州事変、上海《シャンハイ》事変と戦争の熱気がもう日常的だったから、僕らには違和感というものがなかったんですね。

城山　戦争の規模がだんだん大きくなってくるだけだからね。

吉村　これがもっと上の世代ですと、大学生であったりするから、戦争という現実より前に、ある種の観念が先にあったかもしれない。僕らには、その観念がなかった。無色透明だったんです。僕は最近、巣《す》鴨《がも》プリズンのことを書いて（『プリズンの満月』）、その小説をめぐって、やはり同世代の饗庭《あえば》孝男さんと対談をしたんですが、饗庭さんは、椎名麟三《りんぞう》、野間宏《ひろし》といった第一次戦後派の人たちの作品は読んだけれども、もうひとつ胸にしみてこなかった、あれは一種の観念だからだ、とおっしゃる。逆に我々の世代は、戦争をいわば受動的に受けとめて来たからこそ、それが観念ではなく、強靭《きょうじん》な肉感になっていると言うんですね。肉感とはうまいことを言うな、と思って、僕もつい「もう、たじろがないんです」などと言ってしまった。

僕は、城山さんの書かれた作品を読んでも、同じような感想を持ちますね。たとえば広田弘毅のことを書いた『落日燃ゆ』。僕らより上の世代の作家だったら、彼のような戦争指導者を書く場合、ある種の観念で書いてしまうかもしれない。しかし、城山さんは、広田さんという人を遠くから冷静、客観的に見ているんですね。あの見方は、強靭だと思う。

城山　『落日燃ゆ』について言えば、僕は最初、戦争をひとつ、書こうと思ったんです。僕が主人公の一人となって、昭和二年に生まれて戦争に巻き込まれてゆく。一方で、巻き込んでいった人たちは何をしていたのか。僕が生まれたときに、その指導者は何を考えていたのか。僕が志願するとき、その人は本音で何を考えていたのか。少年の僕と彼とをパラレルに並行描写で書いてやろうと思った。では、その戦争指導者として誰を選んで書くか。もう軍人は大嫌いでしたから、A級戦犯唯一《ゆいいつ》の文官である広田弘毅にしよう、と決めた。そこでまず、広田さんという人を徹底的に調べることから始めたんです。その意味では先入観もなく、最初から醒《さ》めた眼があったとはいえるでしょうね。

ところが、広田さんという人を調べてゆくと、この人を調べるだけでじつに興味深い問題が出てくる、というか、さまざまな事柄にぶつかる。これはもう、僕の少年時代の体験を入れるよりも、徹底的に広田さんの中に入っていこうとなったんです。

吉村　しかし、にもかかわらず『落日燃ゆ』は、やはり城山さんが自分自身のことを書いたということになってしまうと思うよ。

城山　そんなことはないよ（笑）。

吉村　いや、広田弘毅が即、城山三郎だなんて思ってませんよ。あの作品の根底にあるもの、広田さんをどのように見たか、その見方はやはり城山さんのものだということ。それはある意味で当然であるわけですが。

城山　まあ、僕が非常にうたれたということはありますね。広田さんは亡《な》くなるときに、自分のことは絶対話すなと言って死んでいった。今でもそうですが、遺族の方は当時はもう、絶対に取材拒否の姿勢を崩さなかった。私だけでなく、編集者の方も説得に行ったし、少しずつわかってもらったんですが、最終的に取材の門を開いてくれたのは大岡昇平さんでした。広田さんのご長男と大岡さんが小学校以来の親友だったんです。大岡さんは、広田さんの遺志は尊重すべきだが、やはり戦争の真実を残すこともきわめて大切だ、と言われて、その線で遺族の方を説得してくれた。

吉村　と同時にね、大岡さんの胸中には、城山さんがそれまで書いてこられた姿勢に共感するものがあったのだと思う。城山さんなら、結局は遺族に受け入れられるだろうという読みもあったと思うし、遺族の方も、受け入れる前に、それまでの城山さんの作品は読んでいたと思うのね。で、この人なら大丈夫だと信じた。よくあるでしょう、そういうことは。

城山　たしかに大岡さんは、きみなら大丈夫だろうと言ってくれたし、そういう意味での信頼はあったと思うけどね。

吉村　つまり、そこが先ほどの、観念に支配されない強靭な見方ということになってくるんじゃないのかな。真ん中の軸がしっかりしているのか、それともすぐにブレて偏向してしまうのか。城山さんの場合は、中心軸がしっかりしているから大丈夫だ、と。そういう安心感がまずあったんでしょうね。父親の遺志でなくても、書かれるのはそれはいやなものですから。

城山　うん、よく応じてくださったとは思う。長男と三男の方が会ってくださって、二人おられたお嬢さんにも話を聞きたかったのですが、お嬢さんには、最後まで「私たちからは話せません」ということで会えなかった。で、僕が三男の方に質問すると、

「それは妹の方がよく知っていますから」と、隣の部屋に行って、「妹はこう言っています」と答えを取り次いでくれるんです。そういう取材を繰り返しました。最近も一族の一人にお会いする機会がありましたけど、「あの一家は父親が死んだときから、全員死んだも同じです」と言うんですね。喋《しゃべ》れば自己弁護になる、だから世間との交わりを断つ。とくにお嬢さんにしてみれば、父親の思い出を胸に抱いていたいという思いもあったでしょうしね。やはり、立派な一族だと思いますね。

遺族といえば、吉村さんの書いた『陸奥《むつ》爆沈』の艦長の奥さんを思い出します。艦長は死ぬわけですね。

吉村　そうそう。三好《みよし》艦長です。

城山　三好艦長は、その日、別の艦に呼ばれていて、昼飯に誘われるんだけど、「いや、やはり自分は艦に戻るべきだから」と言って、帰ったために皆と一緒に死んでしまう。で、奥さんが遺族の追悼会か何かの場で、「死んでよかった」と語るのでしたね。「もし、夫が生きていたら自分はこういう場所には出られない」と。これはなかなか言えないことですね。あのとき昼飯をご馳走《ちそう》になっていたら助かったのに、と思うのが普通だろうに、「艦長として一緒に死ぬことができてよかった」と言える健気《けなげ》さ、ね。

吉村　話は少しそれますが、沖縄戦では鉄血勤皇隊といって、中学生が兵隊さんになっているんですね。僕は、那覇《なは》市で個人タクシーの運転手をしている生き残った方を知っているんですが、十四歳で兵隊になったとき、その人は小柄だから、袖《そで》まくりしなくちゃならないし、鉄兜《てつかぶと》をかぶると前が見えなくなってしまった、というんです。その人が苦しんでいるのは、やはり自分が今も生きていて、クラスの連中のほとんどが死んでしまった、ということね。それでも初めのうちは、死んだ友人たちのお父さんやお母さんに彼らの息子たちの最期《さいご》の様子を説明したりしていたんだけど、そのうちにつらくなって、ご遺族に会うのがいやになったと言っていた。

城山　戦争中にはいろいろな生き方があって、今振り返っても心をひかれる人たちもいたわけですが、しかし、あの戦争を書くときに、戦争を美化したくないという気持はあるね。

吉村　うん。

城山　あの世界に入ると、木を見て森を見ずというところがありますから、書くのが怖くもあるし。

吉村　読者のほうも、単に郷愁から、「よくぞ書いてくれた」という人がいる。つまり、美化して読んでいるんですよ。それは困るんだ。逆に、こんなものを書いて、けしからんという人もいる。どうしてこちらの意図をしっかり見てくれないのだろうと考え込んでしまう。

終戦と同時に、価値観をいっせいに変えたでしょう、マスコミも知識人も。

城山　それから、教育者も。

吉村　僕は戦後、さっき言ったように自分の見た戦争を何とか書こうと思って、『戦艦武蔵』を書いたんです。すると、さっそく小さな出版社の編集者三人くらいにからまれた。軍艦旗のはためいている広告を出すような小説を書くのは、軍国主義者だ、というんですね。「あなた、中身を読みましたか」と訊《き》いたら、「読んでない、読まなくてもわかる」（笑）。「戦艦」という文字だけでけしからん、というわけです。あれには参ったな。と同時に、「よくぞ書いてくれた、じつに海軍はすばらしかった」という手紙が来る。これも困るんだね。

とくに終戦直後は世の中が全く変わったものだから、僕などは呆気《あっけ》にとられてしまった。呆然《ぼうぜん》としたまま、そう、二十年は過ごしたな（笑）。あの頃、僕がいちばん腹を立てたのは、ある作家が、「自分は徴兵検査の時、醤油《しょうゆ》を一升飲んで体をおかしくして不合格になった云々《うんぬん》」と書いているのを読んだときです。「不合格になって兵隊に行かずにすんだ」と書いていたのなら、別に驚きはしない。でも、それが「自分の反戦の意思表示だった、戦争に対する抵抗だった」というんですよ。冗談じゃない。徴兵というのは員数ですからね。員数合せのために、その作家より体の弱い一人の若者が戦争に行って、戦死しているかもしれないじゃないですか。単なる保身を抵抗と言いくるめているだけですよね。戦争が終わると、もてはやされるのは、そういう人ばかりになった。

城山　進歩的と称せられたある女流作家が、息子さんが徴兵を免れるようにいろいろ工夫して成功したという話を、僕も読んだことがある。進歩的だから息子を戦争に行かせたくなかったのか、それとも息子可愛さで行かせたくなかったのか。思想的に反対だったからといえば、戦後はそれで通ってしまったんですね。

吉村　その代わりに、誰かが行っているんです。

城山　石坂泰三さんの場合は、息子さんが戦死したときの嘆き悲しみ方は尋常じゃなかった。彼は戦前、第一生命の社長だったわけです。第一生命は当時、東部軍管区司令部に建物を貸していた。石坂さんはそこに一緒にいたんだから、まあ、フロアが違うくらいで行き来はできたし、立場上、いくらでも工作できたはずなんです。しかし、それをせずに、息子さんをみすみすフィリピンに行かせて戦死させてしまう。やっぱり僕は、石坂さんは偉かったな、と思う。子供が死ぬということは、親にとって大変なことです。それを覚悟の上で、あえてコネを使ったりしなかった。僕は少なくとも、そのタイプの方が好きだな。

吉村　僕の兄の戦死公報が来たとき、子宮ガンで入院していた母には、約三ヶ月間そのことを隠していたんです。弟に慰問袋を作らせ、「お兄さん元気ですか」なんて手紙を書かせて郵便局ならぬ工場の番頭さんの家に持っていったり、同じ隊の人からお悔やみの手紙がくれば隠したり。しかし、遺骨が届く寸前に、とうとうバレてしまいましてね。僕と弟はいたたまれなくて、谷中の墓地のあたりを夜の十時過ぎまで歩き回って帰ってきたら、皆、号泣していました。しかも、泣き声が近所に聞こえないように雨戸を閉めてね。ところが、狂ったように泣いていた母が、翌朝にはもう、ちゃんと仏壇をしつらえて、喪服を着て、「お兄さんはお国のために死んだのだから、お線香をあげなさい」と毅然《きぜん》として言うんです。そして、「お前もしっかり勉強しなさい」と、端然と座って言うんですよ。そういう時代だったんです。それで一つの秩序が保たれていた。個人的にもそういう体験をしてきたものだから、「醬油を一升」は許せなかったんですね。

城山　そうでしょうね。僕の場合は、徴兵猶予《ゆうよ》のある理科系の学校に行け、と親父《おやじ》に言われてその通りにしたら、親父の方が召集でとられたんですね。もう四十二歳になっていた。

吉村　それは珍しいですね。四十五歳以上が非戦闘員でしょう。

城山　その直前で、戦闘員としてとられた。親父は、僕を軍隊に行かせたくなくて理科系の学校に入れたわけです。その親父が兵隊にとられたから、僕はおふくろを口説き落として海軍に志願した。徴兵猶予を取り消してね。

　家を出る時、おふくろは笑顔で送り出してくれたんだけれど、復員した後で、妹が「お兄さんが出て行く前の日は、お母さんは一晩中泣いてて、ぜんぜん寝なかった」。そんなに泣くんだったら、どうして志願するときに反対しなかったのかなと思ったけれど、もうそういう私的な感情の許されない時代になってもいましたね。

吉村　石坂さんの精神に通じるものがあるね。

城山　僕たちの親が特別なんじゃなくて、あの当時の親は、皆、そんなものだったんじゃないですか。おふくろは、僕を海軍に入らせたことで、親父にすごく叱《しか》られたと思います。大喧嘩《おおげんか》があったんじゃないかな。僕は何も聞かずじまいだったけれど。

吉村　とにかく、そんなふうに戦争に身を委《ゆだ》ねておいて、戦争が終わると、あれは軍国主義者がやったんだとみんなが言う。おかしいじゃないか、と僕は思ったね。

城山　「軍隊に志願した奴《やつ》は幼稚で、馬鹿《ばか》だったんだ」と、僕も復員後に大学へ入ってから何度言われたことか。行く前には誰も言わず、むしろ褒めてくれて、帰ってくると皆が悪く言う（笑）。こちらは命をかけて兵隊になったわけだから、腹が立ってね。

吉村　そうですよねえ。「特攻隊員は犬死だ」なんてある人が言っていたけど、それが僕らにはわからなかった。自分でも、あの場にいれば一歩前に出ますよ（笑）。そういう雰囲気なんだもの。

城山　「特攻を志願する者は一歩前に出ろ」って言われて、出ないのは勇気がいるよ。大変なことになっちゃうから。

吉村　だから僕は絶対、出るね（笑）。

城山　で、一歩出れば、百歩くらいの距離の違いになっちゃうんだ。

吉村さんは「呆気にとられて二十年」と言われたけれど、僕の場合は戦争中の観念につきまとわれていました。だからこそ、先にも触れたけど、とにかく戦争とあの大義の問題だけは書いておきたいと思った。軍隊というのは、組織の悪い面を極端な形で見せてくれたわけです。つまり、軍隊の体験を書くということは、結局、「組織に従う」とはどういうことかを問うことでした。戦後は、商社の人たちが〈輸出立国〉という新しい大義のもとに、会社のため、国のために私生活を犠牲にして働き始めた。

あえて「大義」とは言わないにしても、やはり組織の中で個人がどう生きるか、ただ従うのか、戦って生き抜くのか、という問題は残ったままだった。そこで、僕は戦争体験の次に、企業や経営者、サラリーマンの問題を書くようになったんです。

僕はいまだに、組織というものが大嫌いでね。同窓会なんか、あまり出なかった。僕に限らず、同級生たちも同じ気持らしくて、僕の卒業した中学校、小学校でも、僕らの学年の会が最後までできなかった。上下の同期会からガミガミ言われて、しぶしぶ同期会をつくったんです。もう、組織すること、されることが嫌なんだろうね、僕たちは。感覚的に、もうこりごりなんでしょう。

吉村 それが僕たちの場合は、同期がざっと二百五十人。いまでも二百人は生きているのかな。同期会をすると百人近くは集まるんですよ。僕たちの学校（開成）はもともと自由な雰囲気の学校だったのが、そこへ軍事教練の教官が入って来てみんな虐められたんです。だから結束が固かったのかもしれない。同期会をやると、もうその話ばかり。

城山 なるほどね。僕が行っていた名古屋商業には、少尉《しょうい》の肩書がある体操教師がいたんです。彼が雨天の室内の授業で、「ちょっと参考までに知りたいんだが、おまえたちの中に『主婦之友』や『婦人倶楽部《クラブ》』を読んだことのある者はいないか」と言う。

正直に何人かが手を挙げたら、「立て」と言って、「お前たちは女も同然だから、叩《たた》き直すには軍隊がいちばんだ。今から予科練の願書を渡すから書いてこい」。最初、参考までにと言ったのだから、彼は明白に嘘をついたわけですよね。若い教師でしたから、戦後はどんな生き方をしたのかなと思っていたら、だいぶ経《た》ってからテレビでその姿を見た。文部省の役人になっていて、「明るいスポーツとは云々」と喋ってる。つくづく、よしてくれ、と思ったね。その後、どこかの女子大の先生になっているのを、僕らの同窓会が呼ぼうという話になった。僕は、本当にいやだったですね。百八十度ひっくり返って、しかもそれを何とも思わない。せめて、戦後は小さくなっていてくれたらいいのに、相変わらず威張るから困るんだ。

吉村　政治の世界もわけがわからなかったな。出獄した政治犯の人たちが、ＧＨＱへ行って「解放軍万歳」とやる。まだ幼い僕だって、資本主義国の占領軍なんだから、いくら何でも「解放軍万歳」はまずいだろうと思いましたよ。せめて「ありがとう」くらいにしておけば、と（笑）。十八、九歳くらいの頭でも、これはおかしいとわかる珍事の連続でしたね。

　今度『プリズンの満月』を書くために調べていて、わかったのですが、戦犯も末期になると、東大病院や慶応病院で息をひきとらせているんですね。そうした方針を、

「高齢で病弱でも、戦犯は戦犯だ」と批判したのが所謂《いわゆる》文化人とマスコミです。逆に庶民は醒めていたというか、本当の常識を持っていたと思う。僕は今でも覚えているのだけれど、道沿いの家のラジオから「デス・バイ・ハンギング」と極東軍事裁判の判決が伝えられると、路上で一緒に立ちどまって聞いていた五十、六十のおじさん、おばさんが「勝てば官軍、負ければ賊軍だよ」なんて言ってね。

戦後よく言われた、「あの戦争は軍部がやったのであって、国民は騙《だま》されたのだ」と言う説。あの戦争の定義にまでなっていましたよね。嘘ですよ。文化人とマスコミによる責任転嫁《てんか》です。庶民が一所懸命やったんです。われわれが、国民が、こぞってやったんですよ。それを認めないと戦争の怖さはわからない。

城山　新聞だって、調べてみると、満州事変あたりから軍国美談調が始まって、紙面ががらりと変わっているんですね。

ともあれ、戦争が終わってから五十年たつけれども、日本人は変わったんだろうか。これは難しい問題ですね。まあ一般に言って、本来、人間はそう変わるものではない。

吉村　そのとおりです。

城山　最近、フランスが核実験の再開を発表したでしょう。するとオーストラリアがこれを批判していわく、「ナポレオンと同じことをやっている」と（笑）。

吉村　面白いことをいうな。

城山　「ナポレオンと同じ」というのは、自分の国のことしか考えていないということで、そのとおりなんです。自分の国の武力が弱くなっては困るから核実験をする。それ以外の理由は、何もないんですね。だから、そうした意味では人間は変わらない。

吉村　そうですね。

城山　ただ、あの時代を経験した世代、もしくはそれに近い世代が、当時何が起きたのかを記憶している間は、あそこまではいかないだろうと思う。その記憶や知識の伝達、伝承が薄れていくと怖いですね。

たとえば天皇家には、喪に服する日が四つあって、原爆の日や沖縄戦の終わった日などには、私的な外出をすることはなさらないそうです。今の天皇がそうした事柄をよく感じとり、考えておられるわけですね。広島の原爆ドームが世界文化遺産に指定されるのもいい。要するに、何らかの形でそれが伝承されていけばいいんです。伝承されたものが未来の時代時代の人たちに、前の人間のようにならないためにブレーキをかけさせる。そうしたことが必要なんでしょうね。

吉村　僕は息子によく楽観主義者だと言われるんですが、ベルリン封鎖や朝鮮戦争のときには、そんな気配もあったけど、その後は、日本が巻き込まれるような大きな戦争が起きると思ったことはないんです。大東亜戦争が始まるときの、あの息づまるような緊迫感、ここまで来たからにはやってしまえ、と庶民が言っていた、あの雰囲気を感じたことはなかった。あの雰囲気がないと、日本は戦争を起こせません。

僕の中学の先輩で、東京女子大の先生をしていた猿谷要《かなめ》さんが学内報に書いていたけど、日清《にっしん》、日露の戦争から第二次大戦までの五十年間は、ずっと戦争の連続だった。それから後の五十年、日本は戦争をしていない、と。明治以降、こんないい時代はないんですよ。

城山　そのありがたさをよく確認しないといけないよね。

吉村　最近、戦前の日本の社会・風俗を美化して郷愁を感じる向きがあるでしょう。僕は、あれはおかしいと思っているんです。ある雑誌で、戦前の東京について、やはり下町生まれの女性の方との対談を頼まれたことがありましてね。編集長が「古きよき東京についてお話しください」と言うから、僕は「古きよき東京なんてありませんよ」と答えた。

城山　ほんとだね。第一、暗かったもの。

吉村　よかったことなんてちっともない。マナーが戦前のほうがよかったなんて、嘘ばっかり（笑）。立ち小便はしたい放題。若い女性が道を通れば無礼な冷やかしの声をかける。生活がよかったたって？　冗談じゃないです。銀座四丁目の服部《はっとり》時計店の前を肥桶《こえおけ》積んだ牛車が通ってた。水洗式は日本橋、京橋だけで、銀座はまだでしたからね。僕の住んでいた日暮里《にっぽり》なんぞは、場末と呼ばれまして……（笑）。戦前に、よき東京なんかありゃしませんよ。

城山　さっき、この対談の前に会った人と、目下の日本経済は円高、不況、産業の空洞化など大変な問題が次々に起きているという話になった。僕が「それはいろいろ手を打つ必要はあるだろう、しかし、終戦直後は一千万人餓死説もあったのだからね」と言ったら、「……達観しておられますね」（笑）。別に達観しているわけではなくて、現に餓死者が出る時代ではないでしょう。今日、まずまず恵まれた生活ができるのは平和が保たれているからです。これは守っていかなければならない。今なお、地球規模で見たら、平和に生きるということはけっこう難しい課題なんですから。

吉村　それはそうです。第二次大戦後も、アメリカなどはずいぶん戦争をしているものね。

城山　小坂徳三郎さんから聞いた話なんですが、ワシントンでケネディ大統領と会見する約束をして、現地に入ったけれど、大統領が全然現れない。けれど、ビルは夜中までこうこうと電灯をつけて、慌《あわただ》しい気配はある。二日くらいして真っ赤な目をしたケネディがようやく現れて、「重大な決断をしていたもので、申し訳ない」と。つまり、それは「キューバ危機」の決断だったんです。徹夜をして、やるべきか否《いな》かを考えていた。ということは、第三次世界大戦の可能性は現実にあったわけですね。それを思うと怖いよね。

吉村 それはそのとおりです。ただ、さっき僕が楽観論を言ったのは、戦後の日本人の特性とも関係があるんですね。僕の専門は刑務所ですが（笑）、日本の刑務所では、暴動が、終戦直後に三、四ヶ所で起きているだけで、後はまったくないんです。脱獄も今では一年にあるかないか。外役の農場などから逃げる、これを逃走といいますが、逃走もほとんどない。まったくない年もあるという。アメリカなどの刑務所では、外壁の上を武装した刑務官がパトロールしている。日本では丸腰です。日本人は、結構規律正しいんですよ。

城山 まあ、外国で家や部屋を貸す時に、日本人に貸せば間違いない、家賃はきちんと払うし、きれいに使うし、という話はよく聞きますね。

吉村 阪神大震災の時に、テレビに映る被災者が「ほんとにひどかったんです」なんて、笑みを顔にうかべて話している。外国の地震だと人々は泣き叫んで、悲惨さを訴えますよね。僕はずっと前に関東大震災のドキュメントを書いたことがあるのですが、引っ越しの途中で震災に遭遇したイギリス人のシナリオライターがいたんです。泣き叫ぶ奥さんを抱えて這《は》うようにして広場に行ったら、日本人は皆、「ほんとにお久しぶりでした」なんて挨拶《あいさつ》している。あれには驚いたと書いていた（笑）。

城山 そういえば、オランダ人のフリーの女性記者が日本の経済小説のことを記事にしたいと、僕のところにやって来ました。話を聞くと、ちょうど阪神大震災が起きたので、古巣の新聞社から取材を頼まれて、神戸に行って来たという。震災から三日目に現地に入ったというから、「どうやって？」と訊《たず》ねたら、ヒッチハイクで入ったというんですね。「タクシーだと、自分が使えば一台分余分に要るけれど、ヒッチハイクなら車が増えないから」と。

吉村 えらいなあ。

城山 記者がそこまで考えるとはね。しかし、ここで彼女の話を持ち出したのは、日本人の平常心ということなんですよ。何度かヒッチハイクして、運転している人に、どんな用事で被災地に行くのか訊ねると、どの車の運転者も、会社に行く、あるいは会社から帰るところだと答える。あれにはびっくりした、と言ってたな。

吉村 これはやはり、「大義」の問題になってくるのかな（笑）。蛇足になるけれど、潜水艦の事故は、引き揚げたとき悲惨なんですね。だんだん酸素がなくなって死んでしまうわけでしょう。その過程で殴り合ったりピストルを撃ち合ったり、あんな悲惨なものはないというのが常識なんだそうです。ところが日本の潜水艦の事故の場合は、皆、自分のベッドに整然と寝て死んでいる。枕元《まくらもと》には遺書があって、「一同元気、皇居遥拝《ようはい》」なんて書いている。

城山　日本人から見たらあるべき姿かもしれないけれど、外国人はどう見るのかな。

吉村　おそらく英語には、「従容《しょうよう》として死につく」などという言葉はないんじゃないかな。

城山　日本人は、いろいろ問題もあるけど、まあまあ、いいほうの民族なんでしょうね。

吉村　いやあ、いい民族ですよ。

だけど、城山さん、あの戦争、負けてよかったですね。負けたのがいちばんの幸せ。そう思いませんか。

城山　元少年兵としては、負けてよかったとは言いたくないけどね（笑）。でも、あのまま行ったら、大変だったろうね。

吉村　第一、軍人が威張ってどうしようもなかったでしょう。

城山　軍人が威張る、警官も威張る、町の警防団長も威張る。

吉村　鉄道員まで威張る。

城山　愛国婦人会の会長も威張る。在郷軍人会も威張る。

吉村　今は、お巡りさんも優しいものね。「すみませんが」とくるからねえ（笑）。

城山　昔は汽車に乗っても、検札の時、客は被疑者扱いだった（笑）。

吉村　今は、みんな優しくてほんとうにいい時代ですよ（笑）。

（一九九五年）

語りつぐべきもの——藤沢周平さんのことなど

吉村　昭和二年生れの作家というと、僕と城山さん。藤沢周平さん、結城昌治《ゆうきしょうじ》さん。

城山　北（杜夫《もりお》）さんもそうだ。

吉村　北さんと僕は昭和二年五月一日、同年同月同日生れ。だから、僕は北さんと同じ時間生きてるんだ。まったく同じ時間（笑）。

城山　ほんと！　僕たちより少し下だけど、五木（寛之《ひろゆき》）さんと石原（慎太郎）さんも同年同月同日生れだというね。あの二人は確か昭和七年生れだ。

いつか、あなたと僕と藤沢さんと三人でしゃべろうよ、と言ったことがあるね。

吉村　そうそう。

城山　だけど、藤沢さんの体調が悪くて、二人だけで対談をした。

吉村　藤沢さんとは、じっくり話してみたかったなあ……。

城山　話したことないの？

吉村　ない。全然ないんですよ。

城山 惜しかったなあ。僕は雑誌の対談で初めて話したんだけど、話がはずんで、午後二時にはじめて、終ったのは七時……。気がついたら五時間も話しこんでいた。

吉村 やはり、共通点があるんだな。僕らが体験した昭和の戦争というのは、たとえば桜田門外の変で井伊大老暗殺の現場にいたとか、戊辰《ぼしん》戦争に巻き込まれて逃げて回ったとか、そんな体験よりもっとすごいことがある。

僕たちよりも一年上は、もう兵隊なんです。僕は結核で、中学五年の授業は五分の三休んでる。だから普通は落第して卒業できないんだけど、その年に限って、四年生も一緒に繰り上げ卒業することになった。それで僕も卒業扱いになってね。

城山 良かったじゃない（笑）。

吉村 卒業して、そのまま徴兵検査を受けたんですよ。それも終戦の十日ぐらい前、真夏で、焼け野原の中で外壁だけ残ってるような小学校でね。徴兵検査といっても、ただ聴診器をちょっと当てるだけで、第一乙種で合格。結核だったのにね。

城山 学徒動員で繰り上がったんだね。

吉村 そう。僕より一年上の人は兵隊に行き、すぐ下の子どもたちは学童疎開《そかい》。そんな世代だから、東京空襲の体験者が意外と少ないんだな。おそらく、小説を書いている人で、東京空襲の体験者は僕と早乙女《さおとめ》勝元さんだけなのじゃないかしら。

城山　僕や結城さんみたいに、昭和二年生れでも、志願して兵隊に行ったのもいるけども。しかし昭和二年生れというのは、ほんとに徴兵になるかならないかの境目だよね。生まれが一、二年違うと、戦争に対する感じ方が変わってくるんですよね。

吉村　あの頃、僕も兵隊に行って戦って死ぬんだと思っていましたが、当時の愛国心というのは、天皇陛下のためというより、なんか老幼婦女子を守るっていうふうに考えてたな。そのために、男は戦うんだってね。

城山　軍隊に志願しようという僕たちは、やはり天皇のためということはありました。ただ、本土が空襲でやられ出すと、具体的に誰のために死ぬかという具合に変わってくるんじゃないかな。

吉村　あ、なるほど。僕は中学二年のときに最初の結核をやり、それで三月ぐらい休んだ。五年でもやった。こんな体だから、軍隊へ志願するのはだめだと考えて、ただ星一つの兵隊（二等兵）でもいいと思ってた。

城山　前にも話したけれど、僕は吉村さんとちがって昭和二十年、海軍に少年兵として志願した。病気で除隊になったけど、結城さんも僕と同じ海軍特別幹部練習生でした。僕にとって、海軍で体験したことは、すべてがショックでした。軍隊というものはこういうものだったか、というね。暴力、腐敗、堕落……まったく、ひどい組織でしたよ。終戦になったら、下士官兵や将校はもう一斉に倉庫からコメとか缶詰とか持ち出して、クラブと称する近くの民家に全部運び込んで盗んでいく。めちゃくちゃだったよねえ。

だから僕はもう、組織というものはこりごりなんです。軍隊に代表されるような組織というのは、最初の目的自体はよかったかもしれないけど、腐敗し出すと何をやるかわからない。これが組織というものの怖さでしてね、戦後、たとえば共産党や全学連がすぐ活動しはじめるでしょう。僕なんかはそんな組織に入っていく人の気が知れなくてね。もう、さんざん嫌な目に遭ったじゃないか、と。

吉村 そうそう。

城山 あなたもそうでしょう。エッセイを読んでいたら、「道路建設の反対運動に入ってくれ」って言われたので引っ越してしまったとか（笑）。もう、パッと逃げ出していなくなっちゃうわけでしょ。

吉村 いまの家じゃなくてね、三十年ぐらい前かな。近所に道路ができるというんで、反対同盟が生れた。小説を書いているような人は発起人の一人になってくれといわれて、さあ逃げよう、と（笑）。

城山 それはわかるね。僕も外から応援はするけど、もう組織には加わりたくない。

吉村　僕は軍隊経験を味わってないけれども、組織の中に入るのは絶対いやだね。

城山　まあ、こっちが入ってなくても、あの頃は、隣組だ、国防婦人会だとか、網の目のように組織があったね。

吉村　隣組の組長なんて、威張ってたなあ。何でもないことでも、すぐ「非国民！」とかどなりつけてね。

城山　そうそう。

吉村　戦争中は、日本全国がもう一つの組織だったからね、考えてみれば。僕は改造社から出た『現代日本文学全集』の武者小路実篤《むしゃのこうじさねあつ》の巻を持っていまの千住新橋を歩いてた。交番があって、そこに憲兵がいるわけですよ。「ちょっと来い」をやられて、「何でこんなもの持ってるんだ」。武者小路実篤でもだめだった。

城山　僕の場合はね、東京に伯父がいて、制服姿で遊びに行ったら、警官に呼びとめられた。学校のマークがCとAで、コマーシャル・アカデミーの略なんです。非常にモダンな学校で、校長がコロンビア大学出身の人なので、そんな記章にしたのでしょう。警官が「その英語のマークは何だ」って詰問《きつもん》してくるんですよ。学校のマークだからって説明したら解放されたけど、まもなくCAのマークが名古屋商業って漢字に変わってしまったもの。変な時代でしたねえ。

吉村　いやな時代だったよ。

城山　われわれの世代には、権威とか権力的なものはもうこりごりという気持があるでしょう。藤沢さんにも、そういう部分がありましたね。あんなおとなしい人だけど、あの人の随筆読んでいたら、岩手県の宮沢賢治記念館に触れたくだりがありましてね。とにかくこれ以上のものは望めないぐらい整った施設だと。しかし、かすかに権威主義が匂《にお》うような気がする、と書いてあるんですね。わかるような気がします。これは一種の敏感さで、普通の人は感じないだろうけど、権威や権力というものにいやになるほど触れた人間だと、匂ってくるんですね。

吉村　藤沢さんが亡《な》くなったのは、戦後の結核手術で大量の輸血をし、そのさいに血清肝炎にかかったのが遠因だったと聞いています。あのころ、死んだ人の多くは結核が原因でしたでしょう。

城山　そう。戦後しばらくして僕も体をこわした。水道橋に結核予防会というところがあったでしょう？　あそこで結核の診断を受けたんです。昭和二十四、五年のことで、気胸療法しかないと言われて、畳針のようなもので胸を刺したけれども、通らない。医者が「これは癒着している」というんだ。

吉村　あれは肋膜《ろくまく》と肋膜の間に刺しこむんですね。

城山 うん。で、肋膜が癒着しているからできないと。その人は海軍の軍医出身で、僕は元少年兵だったから、可哀相《かわいそう》だと思ったらしくて、「きみね、いくらやっても入らないんだよ」と気の毒そうにいうんだ。畳針が入らない状態だと、もう手術しかない。あなたのように肋骨を取ってしまう大変な手術になる。ところがちょうどその頃、新しい薬が入ってきて、それを飲んだら、回復したんですよ。

吉村 ともかく、僕がやった肋骨をとる手術というのは、戦後三年間ぐらいしかやっていないみたいですね。戦後の三、四年かな。

城山 あなたの奥さま（津村節子氏）が書いていらっしゃる小説を読むと、胸に自分の顔が入るぐらいの窪《くぼ》みがあるって？

吉村 まさか。小説家というのは、大袈裟《おおげさ》だなあ（笑）。

城山 でも、やっぱり相当な窪みができるわけでしょう。

吉村 そうですね。だいぶ、へこんでるんですよ。両手を伸ばしてみると、ほら、左手のほうが長いでしょ？　肋骨をとってるから、骨格が曲がっているんですね。

僕が手術したのは昭和二十三年ですけれど、それ以前に手術して生きている人はほとんどいない。このあいだ、つい二ヶ月前に、あと一人だけ生きているということがわかりましたが、それまでは一人もいなかった。だけど、藤沢さんの結核は僕よりもずっとあと、四、五年あとだから、薬もあった。ストレプトマイシンが入ってきたし、手術も全身麻酔でやったらしい。僕のときは局所麻酔だから。

城山　それは、いやだねえ。

吉村　痛いなんてもんじゃないよ（笑）。よく痛いと失神するなんて言うけれど、失神する暇なんてないんだ。みんな、「殺してくれ、殺してくれ」なんて絶叫しているんだから。手術されていても、そのあいだ、意識がはっきりしているんだ。

城山　こんな痛い目に遭わせるなら、ひと思いに殺してくれ、と。

吉村　ひどいもんですよ、あれ。土木工事みたいなもんだから。肋骨を二十五センチ平均ぐらい切っていく。切っちゃうと、隔壁がなくなるわけだから、外圧でぴしゃっとなって肺臓も一緒に潰《つぶ》れてしまう。だから、僕は左肺の上の方はいまもレントゲンを撮ると真っ黒になっている。つまり潰れてしまってるの。

城山　当時、ピンポン玉を入れたりしたでしょう。

吉村　あれがすごく悪かったんですね。僕の手術よりもあと、一年後ぐらいに出てきたのかな、これは大失敗だったんですよ。壊死《えし》してしまうんですよ、肺が。

城山　あなたは、それ以前の療法か。

吉村　原始的な手術ですよ。運がよかった。藤沢さんの場合は大量輸血で、血清肝炎になった。その影響が、だいたい二十五年ぐらい経《た》つと出てくるというんですね。僕は手術してもう五十年経ったから、血液検査しても「あれえ、綺麗《きれい》な血で運がいいですねえ」と言われるんです。奇跡なんですね。もちろん、手術後は呼吸困難になりますけど、二十歳だったから、右の肺が発達して大きくなった。いま肺活量三〇〇〇ccあるんです。これも医者が驚くんですね。「これだけあれば十分でしょう」って首を振る（笑）。

城山 医者も驚く（笑）。しかしまあ、僕たちにとっては、戦後はほんとうに「余生」だという感じしかないよね。生き残ったなあ、っていうか。

結城さんの『余色』という句集が未来工房から出ています。それを読むとね、同じ年代だから、そういう命の感覚というのが、よく似ているんですよ。

吉村 詩ですか。

城山 いや、俳句。これ、あなたも好きだろうと思うけれど、

春惜しむ
いのちを惜しむ
酒惜しむ

っていう句とかね。

吉村 ふふふ。

城山 吉村さんが作ったみたいだよね。

吉村 ほんとねえ（笑）。

城山 それから、

書き遺《のこ》すことなどなくて涼しさよ
まだ生きてゐるかと蚊にも刺されけり

とかね。全く似たような感覚ですよね、僕らの感覚は。

吉村 そうですねえ。

城山 なんとなく、まだ生きてるのかっていうか……。僕らは余生なんて言っていると、「若いくせに何言ってるか」なんて、よく言われたよね。だけど、戦後はほんとうに余生感覚でしたよね。いまや、余生という言葉がだんだん似合う歳《とし》になったけどね（笑）。

そういう一方、若い人たちを見ると、ぜんぜん違うでしょう。結城さんの俳句でいくと、

夏負けもせずよく喋《しゃべ》る女かな

なんてのもある（笑）。

吉村　わかるなあ（笑）。

城山　僕らは、毎年、この夏を無事過ごせるかというような感覚で、つまり、尺取虫律儀《りちぎ》は時代おくれかな

という感覚で生きてきた。尺取虫みたいに必死に一年一年生きているという感じ。必死だけれど、どこか余生。

吉村　僕は二十歳で手術するとき、せめてあと五年生きていられたら、と思ったな。神様を信じてはいないけれど、そういうふうに祈ったものね。あと五年間生きてりゃあ、もう文句言わない、と。それが、いま六十九歳です。

城山　その感慨はあるね。とにかく戦争中は、二十歳まで生きられればいいと思った。

吉村　そんな僕たちが、こんなにも生き残ったんだからねえ。

城山　ある意味では、昭和ってずいぶん長かったでしょう。だから、そんな長く生きているっていう気がしないんだよね。年号も変わらなかったし、ずっと、戦争の頃の延長線上で来ている感覚。

吉村　あ、そうか。

城山　藤沢さんも絶えずそういう感覚の中で生きてきた人だったと思うんですよ。でも考えてみたら、世代の問題でもなくて、日本人って、わりにそういう感覚で生きて

いる部分があるのかもしれない。つまり、「長生きするぞ！」と頑張って長生きするんじゃなくて、なんとなく自然に生きてる、という感覚。いつ何が起きるかわからないけれど、まあ今日も無事に……というように生きている。そして、いつの間にか、そんな日々がつみ重なっていく。そういう感覚の面からも、藤沢さんの作品は共感を呼んだんじゃないのかなあ。読者にとっても、ほっとするというか、あ、同じ感覚だなあ、ということでね。

吉村　戦時中の頃を思い出すと、僕なんか、憲兵だとか警察官よりも、隣組のおばさんのほうが怖かったな。だって、長袖《ながそで》の着物を着た女性を贅沢《ぜいたく》だといって、婦人会の連中が駅で袖をハサミで切ってるの見たことがあるけどね。ちょっと長いだけでも、いきりたって切ってしまう。戦時中のそういう雰囲気が、戦後になってがらっと変わるんだからね。

城山　それも怖いよね。これも藤沢さんが書いていたことだけれど、戦争に行くとき、最初は出征する青年を母親が涙流したりして送っていたけれど、戦争の末期になってくると、もう十人とか二十人とか集団で故郷を出て行くから、みんなが同じように手を挙げて「万歳、万歳」の声一色に塗りつぶされてしまう。日本人は風潮とか流行とか、一つのものに流されやすい、と。藤沢さんは僕らと同じような感覚を持っているから、そういう世の流れに流されていく怖さというものを非常に警戒しています。戦前はそうだったし、戦後も現在も変わっているのか、どうか。

吉村 まったく、そう。

城山 「万歳」で送り出しておいて、戦後、兵隊から戻ってきたら、「特攻崩れ」「予科練崩れ」なんて批難する。だから僕は、戦後は余生で、ひっそりと静かに暮らせればいいという感情と、もう一面で、何か許せないという怒りがある。いったい僕の青春をどうしてくれるのか、という感情が抜きがたくあったな。

吉村 戦後、共産党に入らないやつは低能だ、みたいな風潮があったでしょう。頭のいい人間は共産主義者になるものだ、みたいな言われ方だった。僕の周りなんかにも、ずいぶんいたんですよ。僕もずいぶん勧められました。だけど、僕には「マルクスとかレーニンが言ったことを、なぜ全面的に信用しなくちゃいけないんだ」という根本的な疑問があるわけ。もう戦時中の狂乱の時代を見ているから、不信感というか、人間に対する、どこか全面的に信用できない冷めた部分がある。

それから、病気のとき、体重が三十五キロしかないような完全な末期患者だったから、家の六畳間にずっと寝ていた。枕《まくら》の向こう側に窓があって、庭が見えるんですよ。絶対安静で寝たっきりで、退屈だから、手鏡にうつして窓の外の庭なんかを見てたんです。そうしたら、そこに突然、外国人の神父さんが現れてね。吃驚《びっくり》したら、日本語で「あなたが寝ているのを聞いてやって来ました」と言って、聖書をくれたんですよ。いまも、僕はそれ持ってますけどね。一週間ぐらいしたら、またその神父さんが来て、「いかがでしたか?」と言うから、「とっても面白い小説を読んだような気がしました」と答えたら、「あ、そうですか。それでもいいんです」って帰っちゃったけど、あのときも、あんなに死の間際《まぎわ》まで行っていても、キリストという人が唱えたことを、なぜおれは信用しなくちゃいけないのかなと、そういうひねくれた感情を持っていましたね。新聞から何からの、戦争中と戦後とのすさまじい変わり方、ああいう事態を体験しているから、きっと何かしら不信感があるんですよね。それで、僕はそんなふうに考えたんだな。

城山 だから、あなたはまず徒党を組むということを嫌うでしょう。

吉村 だめなんだ。文壇つきあいってのも、していない。小説家でいままで三回飲んだのは、三浦哲郎《てつお》さん、それから城山さん、それぐらいのものなんですよ。

城山 同人雑誌やってた仲間とか……。

吉村 ないんですよ、ほとんど。編集者の人としか飲んでないんですよね。

城山 しかし、われわれは趣味がないねえ。お酒が飲めて良かった(笑)。

吉村 ほんとに、そう思うな。旅に出るのも、僕は海外なんかだめなんですよ。だって二泊以上、旅をすると疲れてしまう。

井上靖さんから電話がかかってきて、「中国に行きませんか」と誘われたんだけど、「僕は旅は二日以上はちょっとダメなんです」って言ったら、「それじゃ、ダメだな」と笑われちゃった。

城山 枕が変わると寝られないの？（笑）

吉村 いや、家に帰りたいというよりも、書斎に帰りたいんですよね。書斎の机の前に座ってるのがいちばん気が落着く。一字も書けず、ぼんやりしていても。

城山 あ、それはあるね。僕も自宅以外に仕事場があって、そこへ行くとホッとするね、どこよりも。

吉村 やっぱり同じなんだ。

城山 それで一日中がつがつ原稿を書くわけじゃないんだ。ボーッとして、寝ころんで本読んだり、それこそ昼寝することも……。

吉村 アハハハハ、同じですよ。

城山 おそい昼食をとるまでは、とにかく原稿にしがみついてはいるけど。

昼食で思い出したんだけど、あなたのエッセイに、フグ屋へ行って、ビールを注文したら、「うちはビールを出しません。フグとビールは合いませんから」と言われて怒った、と書いているよね。もう二度と行かないって。

吉村　いや、怒りはしない。「あ、そうですか」と言って、お酒から始めましたけど、もう絶対に行かない。その店は以前、近藤啓太郎さんが行って喧嘩《けんか》してるんですよ（笑）。

城山　大岡昇平さんも同じようなことを書いていてね。大岡さんがそば屋に行って座ろうとしたら、「いや、そこはダメだから、あっちへ座ってくれ」と言われて、憤慨して飛び出した。ところが杖《つえ》を忘れてまた取りにもどって恰好《かっこう》が悪かった、と。やっぱり指図されるのはもうイヤだという、あれは元兵士の感覚ですね。

吉村　命令だからね。どうしても、あの時代を思い出してしまう。

城山　こっちはお客なのに、なんで指図するのか。吉村さんの場合だってそうだよね、ビール飲んじゃいかんとか。

吉村　大きなお世話だよ。

城山　大岡さんに言わせりゃ、軍隊でもあるまいし、なんで指図するかとなるんでしょう。そりゃあ、そうですよ。

吉村　人によって、ビールでフグを食べたい人もいるんだし、ビールしか飲めない人だっているんだから、店主がそういう自分の好みを押しつけるのはよくないですよ。

城山 そういう点では、お客さまは神さまだ、という歌手の方がずっと偉いねえ。

吉村 そうそう。本来はそうあるべきですよね。たとえば、もう絶対行かないと決めた他の店の例をいうと、そこの板前は江戸っ子ぶっているんですよ。魚の煮物の傍にあるゴボウを食べないでいると、「それも食べてくれなくちゃ困る」とか、口うるさい。

ひとつには、江戸っ子を間違えてるんだな。僕の生れた東京の下町というのは、一つの町がいわば独立していて、町内で全部ことが足りるようになってるんですよ。映画館なんか、日暮里に五つあったもんね。寄席《よせ》もあったし、天麩羅屋《てんぷらや》とかそば屋とか、みんなあるわけですよ。だから町の外には出ない。そういう下町で、板前が偉そうに「気に入らねえ、カネなんか要らねえから帰ってくれ」なんて、そんなこと一言でもいったら、誰も行きゃあしないですよ。下町っ子はみんな慇懃《いんぎん》丁寧なものなんです。それが、なぜか落語だかなんだかで変なことになっちゃって、江戸っ子は荒っぽいもんだっていうのが定説みたいになった。

城山 藤沢さんも、それと似た話を書いているね。わんこそばを批判してね。「どっこい、どっこい」ってかけ声で客に競争でそばを食べさせる。何とかさんは八十杯食べたなどと、ばかばかしい限りだ、自分は静かにそばをすすりたい、と。やっぱり、僕らはそっちのほうだね。

吉村　城山さんは、店の前に並ぶっていうのはできないんじゃない？

城山　その通り。

吉村　僕は毎年一月二日に、浅草の観音様に行くんですよ。そうすると、天麩羅屋でもどこでも、みんな並んでるんだ。あれがだめ。戦争中のこと思い出しちゃうんだ。食糧難の頃だからこれは仕方ないんだけど、学校の教師が食堂の前に並んでるの見て、侘《わび》しいなあと思ったもんね。

だから浅草で初詣《はつもうで》をすませると、必ず僕の生まれた町のホテルに行くんですよ。ホテルは開いているし、空《す》いてもいる。そこで一杯飲む。あの並んで食べるっていう感じがだめなんだよね。

城山　並んでまで食べるな、だよね（笑）。

僕もね、正月には増上寺近くのホテルに泊まってるんですよ。吉村さんは年中行事が大事だって書いていらっしゃるでしょう。僕も毎年のように、ホテルで増上寺の除夜の鐘を聴いて、初詣に行く。で、明くる日は芝の大神宮って、神明社があるんですね。そこへお参りに行く。ところが、増上寺がお金とって鐘を撞《つ》かせるようにしたのかな。大晦日《おおみそか》の深夜一時半ぐらいまで鐘を鳴らしているんだよ。スピーカーでもワーワー、ワーワーやってるし、行けば行列している。もう、途中で帰ってきた。

吉村 それはよしたほうがいいな。

城山 それで神明社だけ行くことにした。あの夜は、もうお寺じゃないわ。

吉村 うちの近くに井の頭弁財天というのがあってね。大晦日の夜中ちょっと過ぎに初詣に行ってたんだけど、昔は閑散としていたのに、いまは長い行列ができるようになってね。三、四年ぐらい前からかな。それでもう行かない。並ぶというのが嫌なんだ。

城山 ラーメン屋の前で並んだりさ。若い人は平気なんだね。でもあれは、評判になったから、テレビが取り上げたからというんで、並ぶわけでしょう。ただ流行に流されてるだけなんだ。ああいう姿には、どうも抵抗があるね。

吉村 さもしいって感じになっちゃうんだよなあ、あれ。食べるために並んでるというのは、いかにもさもしい(笑)。

城山 鎌倉なんかで、文士がよく来るような店があるでしょう。で、そこへ行ったわけ。入口を開けたら、「よそ者が来たな」って感じで見られる。ああいうのもいやだねえ。「ああ、一見《いちげん》さんか」という感じでさ。

吉村 逆に、「よくまあ、こういうところに来た」といって、歓迎されたこともあったなあ。

城山 どこですか。

吉村 山口の萩《はぎ》。小さな店でね、そこの店の親父《おやじ》は、漁に行って自分でとってきた魚を出すんですよ。安くて美味《うま》い。これもね、タクシーの運転手に聞いたの。絶対に観光客はここに来ないって。だから親父に「よく来ましたねえ」なんて言われた（笑）。

城山 そういうのはいいよねえ。

まあ、われわれの世代でいえば藤沢さんも吉村さんも僕も、いわゆる作家くさくない、作家らしくないでしょう。僕なんか講演会に行くとね、「あれッ、先生って僕らが考えてたのとぜんぜん違いますね」なんて言われる。城山三郎なんて名前からいってね、海音寺潮五郎さんみたいな人が来ると思ってるんだな。

吉村 威風堂々という雰囲気はないんだよねえ。

城山 だって、びくびくしながら生きてるんだもの、こっちは。そんな威張るなんて……。

吉村 そうそう。小さくなって生きてる（笑）。

僕の弟、両親、それから兄がガンなんですよね。これみんな五十から五十三歳までの間に死んでるんですよ。

城山　ふむ。

吉村　だからね、僕はいま六十九歳だから、後はもう大丈夫じゃないかなと思っているんですけどね。

城山　結核やった人はガンにならないって、この前テレビで言ったんだって？

吉村　そんなことは言いませんよ。だけど、ここまで来ちゃったんだから、もう惰性で長く、九十ぐらいまで生きて……でも、どうなんですかねえ。

城山　何が？

吉村　九十ぐらいまで惰性で生きてね、ずーっと小説書いてる、っていうのも面白いんじゃないですか。「まだ生きてる」なんて言われてさ。

城山　いいね（笑）。

吉村　「まだ書いてるよ」なんて。

城山　僕ら、いまでもそういう目で見られてるんじゃないの。

吉村　アハハハハ……。

（一九九七年）

きみの流儀、ぼくの流儀

城山　あなたのお書きになった『わたしの流儀』というエッセイ集、たいへん面白かった。同じ昭和二年生れの同業者だから、当然似ているところも多いけど、随分違うなあと思うところもあってね。その辺がまた面白い。

吉村　僕は、編集者に教えてもらうまで、城山さんにも『人生の流儀』というご本があるのは知らなかった。

城山　あれ、僕がつけた題ではないんです。あの本は、それまで僕が書いたものからいろんな文章を抜き出して、まぁ、アフォリズム集を作りたいと編集部が言ってきてね。タイトルも編集部がつけました。

吉村　僕の本の題も、編集者がつけた。あの中の文章に、「というのがわたしの流儀です」と書いてあるからって、それからつけてくれてね。わりといい題だなと思って、気に入ってるんです。僕には、『わたしの流儀』という題は思いつかないですよ。

城山　ライフスタイルなんて恥ずかしくて言えないでしょう。

吉村　そりゃそうだね、英語はだめだ（笑）。だけど、『人生の流儀』『わたしの流儀』って並べると、僭越《せんえつ》ですけどね、やっぱり城山さんと僕とはどこか相通ずるとこがあると思うな。

城山　流儀って、いい言葉ですよね。落ちつくんだよね、なんとなく。若い人に使われると、合わないけどね。

吉村　不思議な言葉ですね。

お店の人　あの、お飲み物は……。

城山　焼酎《しょうちゅう》のお湯割りを下さい。焼酎とお湯、半々で。

お店の人　梅干しも入れて。

城山　そうですね。

吉村　やっぱりそれも流儀？

城山　あっははは。こういうの飲まない？

吉村　そんなことはないけど、最近、日本酒のほうがうまくなっちゃった。

城山　日本酒は、差しつ差されつになったり、自分で分量わからなくなるでしょう。焼酎だと分量がわかるしね、面倒臭くないというのが何より。

吉村　焼酎もうまくなりましたよね。

城山　ほんとうまくなった。宮崎に「百年の孤独」なんて焼酎あるでしょう。

吉村　大河内昭爾《おおこうちしょうじ》君って評論家がいるでしょう？　彼がうちのすぐそばに住んでます。宮崎県生れで、酒が一滴も飲めない。それなのに、宮崎の人が焼酎をどんどん送ってくるんだ。あの人に送ってもなんの意味もない（笑）。たちまち僕のとこに持ち込まれるわけ。だから「百年の孤独」もよく飲みますよ。

城山　おいしいし、憎らしい、いいネーミングだね。あれ、ラテンアメリカ文学の小説のタイトルでしょう。社長が文学青年なのかな。

吉村　晩酌は毎晩やるんですか。

城山　おかずによるんだね。あるでしょう、飲みたくなるやつって。つまり、苦手なものが出る時。

吉村　そんな時に飲むんですか。変な流儀だな（笑）。

城山　健康食とかさ。うちのが栄養のバランスとか一所懸命考えて出してきてるんだから、食べなきゃいけないんだけど、苦手だから、酒の勢いを借りて食べる。しかし、うまいものの時も飲みますね。ようするに、だいたい毎日飲む（笑）。

吉村　僕はうちでは九時からしか飲まないんです。僕はなんの趣味もない。酒を飲むのが趣味と呼べるなら、まあ唯一《ゆいいつ》の趣味です。（ああ、今晩も九時から飲めるんだな）

と思って、それだけを生き甲斐《がい》に生きてるようなもんです。女房は友だちがくると夕食時に清酒を飲む。私は、八時からときめているから飲まずにお酌したりする。女房は、僕のことを犬みたいだって言うんだけどね。「おあずけっ！」っていうと、そのままジッと守ってる犬みたいって（笑）。

城山　その話を『わたしの流儀』で読んで驚愕《きょうがく》したね。例えば昼間でも、汽車の中で、駅弁で飲んだりっていうこともない？

吉村　それもしない。昼間から飲んだら変な酔い方になっちゃうもの。

城山　汽車の中で飲むなんてのは、旅の楽しみのひとつだと思うんだけどね。あなたは律儀《りちぎ》なのかね、酒に対して（笑）。

吉村　そういや、この間、中学の同期会があったんですよ。みんな歳《とし》なんだね、昼の一時から始めるんだ。

城山　僕らの同窓会も昼が多くなった。

吉村　興ざめしちゃって、いやんなっちゃったね。こっちは昼間飲まないから（笑）。

五、六年前、肝臓の数値がよくなくて、順天堂の肝臓の専門医に、お酒を二週間やめてくれって言われたの。で、また検査に来てくれって。二週間禁酒して病院に行ったら、「先生はアメリカの学会へ行っちゃいました」。しようがないから、帰ってくるまで約二月、飲まなかった。ずっと飲まずに待ってて、やっと行ったらね、「あれ、ほんとにやめてるんですね」。何だい、それ（笑）。でも、検査したら数値がぐっと低くなってた。

城山 僕は、そういう検査を全く受けないからなあ……。それが流儀なんだ。酒やめろって言われたら、やっぱり困るからね。だから医者へ行かない。医者に行くと確実になんか言われるよね。

吉村 女房が「毎晩飲んでた人が二月も禁酒するなんて、あなたは本当に意志が強い」って。だからあんたと四十何年も一緒にいるんですよ（笑）。女房笑って、笑って。どっちもどっちだって。

その時の先生に、少しは摂生しろと言われて、それで九時から飲むようになったんです。

城山 それまでは？

吉村 六時から十二時まで飲んでた。

城山 それは長い（笑）。どれくらい飲むの？

吉村 今はビール中瓶一本に、お酒が二合半ぐらいじゃないかな。そのあと水割りを、十二時までに四、五杯かな。十二時ぴっちりでやめる。

城山　ツマミはなんですか？　『わたしの流儀』を読むと、変なものというか、普通食べないようなものでも食べてますよね。

吉村　豚の睾丸《こうがん》のさし身か（笑）。ある店で食べただけで家では食べませんよ。

城山　僕は食べ物はごく常識的なものしかだめなんです。それに、骨のある魚がだめ。親に言わせると、子供の時に一度、のどに骨が刺さったからだと言うんですがね。だからうちのと食事に行く時は、彼女がまず魚をばらしてくれるの、駅弁でもなんでも。それからおもむろに僕が食べる。

吉村　城山さんが住んでおられる茅ヶ崎はそれこそ魚がうまいし、空気がきれいだし、いい土地ですよね。しかも、エッセイに書かれてるけど、書斎の窓から海を見ると、「海が光る」というのはいいなあ。今も仕事場から海は見えるんですね。

城山　見えます。ただ、海が光るのは、やっぱり秋から冬にかけてですね。
　あなたがよく行くのも海のそばが多いよね。長崎、四国の……。

吉村　宇和島。あそこも四十回ぐらい行ってる。

城山　四十回？　それは何しに行くんですか（笑）。

吉村　歴史小説の取材ですよ。あそこに高野長英やシーボルトの娘のイネなんていたから。

城山　いたからって四十回も行かなくたってさ（笑）。長崎は何回？

吉村　こないだ行ったので百一回目。

城山　へえー。根気いいね（笑）。何をするの？

吉村　僕は、名所旧跡は行かないんです。大浦天主堂とか興福寺とか一度も行ったことがない。長崎に百一回行っても、図書館と思案橋の飲み屋街しか知らないんだ。

城山　それは文士らしい流儀だなあ。

吉村　城山さんとは、一緒に講演会にも行きましたよね。講演が終わって、向こうの青年会議所の人かなんかが用意した宴会があった。僕が城山さんとその席に行ったら芸者がいてね、それを見た途端、城山さんが「あ、帰りましょう」って言うんだ（笑）。

城山　なんとなく面倒臭いじゃない、女の人がいると。向こうが話題を無理に合わせてきたりするしね。

吉村　僕も酒場は、男だけのところが好きね。そっちのケがあるわけじゃないよ（笑）。銀座に「眉《まゆ》」ってクラブがあったでしょう。あそこでは、僕、いつも大きな電気スタンドのとこに座るんだよ。そのスタンドをつかんで、手を伸ばさないの。手が何かの拍子に女の子に当たったら、下心で触ったとか勘違いされやしないかと思って、妙に気疲れした（笑）。やっぱり、バーテンだけがいる店のほうがいいね。だけど、芸者見た途端に「帰ろう」というほどじゃない。城山さん、相当高潔だね（笑）。

城山　ああ、その高潔で思い出した。『わたしの流儀』で気になったことを、忘れないうちに聞いとこう。どこかのホテルで、高潔な人が、女性を連れているのを見かけて云々《うんぬん》という話、あれは誰？

吉村　これは、殺されても言えない（笑）。

城山　かなり年配の人？

吉村　……。

城山　僕らの世代？　でも、僕らの世代で高潔な人って……。

吉村　城山さんと藤沢周平さんぐらいしかいないんじゃないかな（笑）。

城山　そうだろう。困るよ（笑）。あれは誰それであって、城山三郎ではないと証明してくれないと。

吉村　あの時は、弱っちゃった。ある地方に若い女性の編集者と若いカメラマンと僕で行った時、ホテルのロビーでその人が女連れでいるのに気づいたの。僕は慌《あわ》てて隅の柱の陰に隠れてね。そしたら編集者が「先生、何をそんなに脅《おび》えているんですか」（笑）。

城山　向こうはあなたを知ってるわけね。
吉村　もちろん。だから僕に見られたとわかったらどんなに仰天するかと思うと、気の毒でさ、僕は必死に隠れてた。ほんと生きた心地しなかったな（笑）。
城山　同業者でしょう。
吉村　ちょっと違う。
城山　文芸評論家か。評論家で高潔な人っていうと……。
吉村　よしなさい、詮索《せんさく》するのは。私がつらくなるから（笑）。
城山　高潔を売り物にしている人か。
吉村　いやいや。僕たちと同じで、売り物になんかしていません（笑）。
城山　あれは気になるよ。しかし、吉村さん、相当口が固いね（笑）。
吉村　それが、その後、もう一回見たんだよ。大学の友達と料理屋の二階にいて、階下へ降りたら、先日の女の人がこっち向いて座ってる。問題の人物は後ろ向いてるんだよ。僕の方がドキドキしちゃって（笑）。
城山　そんなにあなたに関係の深い人なの？　学者か。なんていう人？
吉村　これだけは責めないでください（笑）。
だけど、男と女の関係って、すぐわかるもんですね。僕もよくバーなんかに行ってたころ、あっ、あの子とこの男はデキてるとか、すぐわかった。女が手洗いに行く時、その男が必ず見るんだよ。あるいは男が手洗いに行く時、女が必ず、他の席についてても彼を見るのよ。マダムとデキてるパトロンというのは、必ずカウンターの隅に座るんだ。それでちょっと後ろを見て、客にどういう男がいるかとかね、観察する（笑）。

城山　吉村さんは、結構女性をよく見て、小説にも活《い》かしてますよね。

吉村　僕は、電車の中では女の顔しか見てないね。また人の顔を一度見たらすぐ覚える。

城山　田中角栄か吉村昭か（笑）。

吉村　この前も散歩してると、お葬式があった。位牌《いはい》を持っている女の人、どっかで見たなと思って、少し歩いてから気づいた、ああ、そうだ、デパートの地下食品街で漬物売ってる女だって。

城山　僕とはえらい違いですね。僕は人の顔、覚えないからな。

吉村　向こうから来る人が、あっ、この人は一週間ぐらい前に銀行で僕の前にいた人だというのがわかる。だから、女房と一緒に旅行していても、川津祐介《ゆうすけ》がいるよ、ほら中村敦夫《あつお》がいるじゃないのって教える。伊豆でタクシーに乗っていた時、「ほら、木の実ナナが鯵《あじ》の干物買ってるよ」（笑）。そうしたら、女房、「あなたと外に出ると疲れちゃう」って。

城山 芸能人をそれと識別できるっていうのは……。

吉村 テレビをよく見てるからですね。あ、この人、NHKで天気予報やってる人だとか。

城山さんは、テレビなんかあんまりご覧にならないでしょう。

城山 まあね。朝は、外国語講座に決めてます。

吉村 すごいね。

城山 見ててもストレス感じないからね。イタリア語、ドイツ語、英語、何語でもいいの。向こうの風俗とか景色とか出てくるから、それを眺めるだけ。ニュースを見ちゃうと、腹が立ったり、この野郎と思ったりするでしょう。頭にカッと来たら仕事できなくなるからね。だから、朝、ご飯食べる時は外国語講座が一番精神衛生にいい。ニュースは絶対見ない。朝刊も読まない。

吉村 うちの女房はね、政治と経済が大好きなのよ。

城山 うちもそう（笑）。

吉村 女房に「そんなに好きで、お前、（選挙に）出るんじゃねえだろうな」ってクギさしといた（笑）。とにかく朝からテレビのニュースを熱心に見るんだ。朝飯まずくなっちゃうわけよ。だからなるべく早くすまして、向こうへ行って、新聞のスポーツ欄かなんか見てます。

城山　わが家は朝食の時間帯に外国語講座を見ることになってますから、うちのが「頭が痛い」と言ってます（笑）。

作家の誰それさんが亡《な》くなったとか、そういう必要な情報は連絡してくるし、僕がテレビを見る必要がないんです。新聞も、仕事が終わってからばあーっと朝夕刊一緒に読むだけですよ。で、時々電話が掛かってくるでしょう、何々についてご意見どうですかなんて。こっちは「そんなことがあったんですか」なんて（笑）。うちのはテレビ見てるから、必要な情報は最低限分かるしね。今はテレビで健康法が流行《はや》ってるみたいで、健康法の情報なんか詳しいよ。

吉村　そうそう、みんなやってるね。だけど僕、どこもおかしいとこないんだ。城山さんもそうでしょう。

城山　差し当たってはね。

吉村　それで、老いって感じないでしょう。ＮＨＫから、老いについての対談をしてくれって言われてね。ぜんぜん感じてませんから、関心ありませんって断った。

城山 僕は、サラリーマンが定年退職後の第二の人生で何をするか、というテーマには興味はあります。だけど、自分の老いとか、古稀《こき》とかって言われてもピンとこない。ちっとも自分は変わってないと思っちゃうんだ。

吉村 ただ、ホテルにチェックインする時、年齢を書きますよね。あれはいやでしょう?

城山 あっははは。

吉村 70って書くんだよなあ。不思議だよなあ。これ、誰の歳だいって思うよねえ。ここまで、よく生き残ったな、とは思います。昭和二十三年に僕の結核手術を執刀した田中大平先生、東大名誉教授で、三、四年前に死にましたけどね。先生を最後に見舞いに行った時、「私はあの手術を五百何例やったけど、どうも生きているのは吉村さん、あなただけらしい」って言うのよ。あのころ、術後一年以上の生存者は三十何パーセントしかなかったからね。あるいは、血清肝炎になっちゃう。もうみんな死んじゃって、どうも生きてるのは僕だけらしいです。なんかシーラカンスみたいな気になってね(笑)。文壇の人では、僕が一番最初に手術してるんです。昭和二十三年だから。

城山 吉行淳之介《よしゆきじゅんのすけ》さんは?

吉村　僕のほうが先。吉行さんが二十八年ごろ、遠藤周作さんが三十年代。僕のころは、まだ局部麻酔で肋骨《ろっこつ》を五本とるんだから、たまんないよ。昭和二十六年から全身麻酔になったんです。文壇の人っていうのはみんな二十六年以後でしょう。

城山　車の運転もやらないんでしょう。

吉村　やりません。弟に、肋骨が五本もない人間が運転するなって言われてね。まあ、お金もなかったし。

城山　機械に弱い？

吉村　弱いね。

城山　ビデオはどうですか。

吉村　予約はできない。あれできる人はおかしいんじゃないですか（笑）。

城山　僕もできないし、やろうと思わないね。もう何年来、ビデオを録《と》るということやったことない。

吉村　そんなことに神経使う必要ないもの。小説さえ書いてりゃいいんだから。

城山　余計なことに苦労したくないね。

吉村　一つのことだけやっているほうがいいね。

城山　と思うね。というか、まあ、一つのことしかできない。今、マルチの時代って言うでしょう。なんでもやったほうが、可能性も才能も全部生きるみたいなことを言う。どうもその考えにはついていけないね。人間の能力は限界があるからね。ナポレオンもマルチになってからだめになったんだ（笑）。戦争だけやってたらすごく強いんだから。

吉村　だから、僕は雑事を一切しないんですよ。講演もやらない、ゴルフもしない、運動もしない。冠婚葬祭もなるべく出ないね。

城山　古稀とか還暦とか、自分のお祝いはやった？

吉村　古稀の祝いは、編集者の人を十人くらい熱海《あたみ》に呼んで、やったんです。こんなに生きつづけられたって、嬉《うれ》しくて。でも、やらないほうがほんとはいいんだよね。

城山　還暦の時に、やらないほうがいいって僕も言ってたら、やらなくて大病をした人がいるって脅かされてね。あわてて、娘夫婦を呼んで食事して、「今日は還暦の祝いだ」って（笑）。古稀の時も同じ。

吉村　僕は今年で七十一ですよね。

城山　まだ、僕、七十だ。

吉村　だから今年なるんでしょう（笑）。

城山　八月まで、まだ七十歳（笑）。

吉村　うちの女房が今年の六月五日に七十になったんですよ。僕は五月一日に七十一になった。五月一日から六月五日まで二歳開くわけです。しかも向こうはまだ六十代で、不愉快でねえ（笑）。六月五日からは、また一歳ちがい（笑）。

城山　なんかいい感じだね（笑）。

　そういえば、吉村さんのニセモノがいたじゃない？

吉村　あれは古い話で、うちの女房が芥川賞を受賞した時、ある作家が書いていたな。宇和島でね、流しのギター弾きが、「文學界」に小説も書いている吉村昭です、と名乗ったって。音痴の僕が流しであるはずがない。

　城山さんもいるんですか、ニセモノ。

城山　名古屋でとんかつ屋さんの暖簾《のれん》の字を僕が書いたということになってる。

吉村　意外とうまかったりしてね、字が（笑）。

城山　ああ、これはやっぱり俺だなんて（笑）。最近は四谷の小料理屋で、魚の料理で有名な店に、僕のニセモノがよく来るらしいんだ。あと札幌《さっぽろ》、これもやっぱり魚のおいしい料理屋らしい。その女将《おかみ》さんから、このごろおいでになりませんねって手紙が来た。そいつはニセモノですと書くのも何かねえ……そのまま返事しないでいるけど、何だろうね。しかも、あんまり僕が好きじゃない魚料理の店ばかりで（笑）。

吉村 芸が細かいニセモノなら、この対談を見て、僕は小骨が嫌いだからって言うかもしれない（笑）。冬になると、海は光るんだよ、なんて（爆笑）。

城山 あなたは映画を見に行ったりはしない？

吉村 しない。さんざん女房に言われて、「タイタニック」というのを見に行ったのが、本当に久しぶり。だけど僕は五歳の時から映画見てて、戦前の映画で見ないものないくらい映画好きで、映画監督になろうと思ったぐらいだったのにね、ヌーヴェル・ヴァーグを見てね、なんだこれはと思って、映画館に行かなくなっちゃった。あれは難解というんじゃなくて……。

城山 何が言いたいんだっていうね。

吉村 そう。あれが芸術であり高尚であると思ってるんだよ。こんなこと言っちゃ悪いけど、最近の芥川賞の受賞作みたいなもんだよ（笑）。小説なんて明快なものなのに、二ページと読めないもの。あれが小説だって言うんだったら、大岡昇平とか梶井《かじい》基次郎なんか全否定になっちゃう。僕たちにわからなけりゃ、誰がわかるかっていうんだよ。

城山 ああいうものは書く人だけしか読まないなんて言ってたものだけど、いまや僕たち書く人も読まないよね。

吉村　読まない。書いてる本人もわからないんじゃないか。

城山　僕も梶井基次郎が好きなんだよ。きみも好きなんだね。

吉村　うん。

城山　その辺の趣味は似てるんだ。短篇小説が好き。それから夏目漱石《そうせき》のよさがわからない。

吉村　あっはははは。

城山　僕も恥ずかしくてそういうこと言えなかったら、あなたが書いてくれましたね。いつか大岡さんに、夏目漱石で何がほんとに一番いいんですかって言ったら、ウーンって言って、『吾輩《わがはい》は猫である』と『坊っちゃん』を挙げたな。『猫』と『坊っちゃん』はわかるけど、あとは、どこがいいのかわからないね。好きな作家は、吉村さんと同じで、アンブローズ・ビアス。それからシャーウッド・アンダスン、日本では田宮虎彦《とらひこ》の『落城』や『菊坂』。僕が名古屋の同人雑誌で最初に書いたのは、「作家の誠実さについて」という田宮虎彦論なんです。それを田宮さんのところに送ったら、「東京に遊びに来ることがあったら寄りなさい」って連絡が来て、それで訪ねて行きました。

吉村　ああ、行ったの？

城山　うん、一回だけだったけどね。吉祥寺《きちじょうじ》だったな。とても真面目《まじめ》な、おとなしい、温厚な人でね。その頃、僕は名古屋にいたから、作家になるなら東京にいたほうがいいんですかと聞いたら、「名古屋にいい文学の友達を持ってるんなら、そういう友達を大事にしなさい」って言ってくれてね。奥さんがお茶を持ってきてくれて、ほんとに作家臭くない人でした。

吉村　そうでした、そうでした。

城山　いい感じだなと思った。その後、ああいう騒動でしょう。騒動と言うと変だけど、亡くなった奥さんとの書簡集（『愛のかたみ』）がベストセラーになったけれど、平野謙さんに思い切り叩《たた》かれてね、最後は自殺でしょう。評論家は怖いですねえ。すごくいい作家でしたのにね。

吉村　城山さんが、田宮虎彦なんて言ってくれて、嬉しいな。いい作家だったね。僕は、城山さんよりも前、学生時代に女房と田宮虎彦さんの家に行ったことがあります。まだ阿佐ヶ谷に住んでらした。借家で、くぐり戸を開けると、塀がぐらぐら揺れるような家。玄関の右手で奥さんが子供さんたちとご飯食べていて、そのすぐ隣の部屋で田宮さんが小説を書いてた。そのころ、『絵本』とか『足摺岬《あしずりみさき》』で、田宮さんは一種の流行作家ですよね。ああ、小説家の生活というのはこういうものなんだなって思った。やっぱり決して豊かじゃないよ。でも、こういう生活を俺はしたいんだなと思ったな。

城山 でも、その対極に三島由紀夫みたいな人がいたわけでしょう。

吉村 そうですね。あの方は、豊かな家の方ですね。

城山 三島さんは、永井龍男さんの短篇に感動して、祝電を打ったりね。

吉村 そうそう。「白い柵《さく》」って短篇。

城山 永井さんの短篇はほんといいですね。

吉村 十年くらい前、あるベテランの編集者に「吉村さん、今生きている作家で誰を一番尊敬してますか」と聞かれて、永井龍男先生って言ったんだ。なら、お正月に行くから一緒に行きましょうって。怖いから嫌だなと思ったけど、決心して行ったの。おっかなかったよ。

城山 ほんと？ 僕はゴルフ場で会ってたからね、ぜんぜんそういう感じはない。

吉村 僕はほんとに尊敬しているからね。

城山 僕も尊敬しているんだけどね(笑)。

吉村 緊張しちゃってね。とにかく、先生の「白い柵」に感動しました、三島さんも「ケツサクタンジジョウ　オメデトウゴザイマス」という電報を打ちましたねって言ったら、みんな忘れているんだよ。「『白い柵』なんて書いたかなあ」って。奥さんも思い出せないの（笑）。今でも時々読んでますけど、いい短篇だね、あれは。
しかし、僕たちの世代は、いろんないい作家のいい作品を読んできましたね。終戦後、ふつふつと文学活動が起きてきてね。僕も、いろいろ読んでいくうちに、できたら作家になりたいと思ったもの。

城山　僕は作家になりたいというより、戦争中の体験だけは残したい、というのが一番先にあった。自費出版でもいい、とにかく書き残したいと思ってね。

吉村　終戦と同時にがらっと変わったでしょう。戦時中に軍国主義者だったやつが、急に戦争反対の平和主義者、民主主義者になった。そういうのを目《ま》のあたりに見ちゃったんだよな、俺たちは。それで、反戦とか言ってる小説読んでも、（ああ、この作家は嘘《うそ》ついてる）とわかるんだよね、匂《にお》いで。ところが、大岡昇平みたいな、変わらない人もいるんだよ。『俘虜記《ふりょき》』を読んだ時、ああ、これは、きちんと戦争を見てきて、そして戦後をきちんと生きている人だなって感じがした。

城山　この人は本物だなと思ったよね。だけど、大岡さんですら、今や文庫で読めなくなりつつある。『レイテ戦記』は本屋でよく見るけど。

吉村　作家としては、『俘虜記』と『野火』の二冊が残るだけで幸せだろうな。

城山　『武蔵野夫人《むさしの》』なんかも、とてもいいよね。

吉村　ちょっと流儀って話に戻るとね、城山さんは、僕よりずっとストイックなのよ。僕は、共通するところもあるけど、もっとぐにゃぐにゃしているんだ。だからね、国が城山さんに紫綬褒章《しじゅほうしょう》をくれるというのを断るというのは、そこまでしなくてもいいじゃないかと僕なんかは思うんだ。

城山　ああー。

吉村　奥さんは「貰《もら》っといたら」って言ったんだよね。僕から考えると、奥さんの方が正解だなあ。少し反省しなさいよ（笑）。

城山　うーん。

吉村　少し、変えなさいよ。菊池寛賞の時も、「まあ、菊池寛のゆかりの賞だから、しようがない」なんて言わないで、なんでも黙って貰いなさいよ（笑）。僕は下町生まれだからさ、お祭やなんかでご褒美をもらうのは普通だと思ってるから、全くこだわらないの。町会長賞でもなんでもいいから貰うの。貰わない方が賞にこだわってるんじゃないか、と思ってる。

城山　神奈川新聞から、神奈川文化賞っていうのを受けてくれますかというから、新聞社の賞ならって受けたら、神奈川新聞社は窓口であって、神奈川県の賞だったわけね。知事から貰うっていうんでねえ。

吉村　だから、いいじゃない（笑）。

城山　だから、貰ったよ、それは（笑）。貰うって返事しちゃったからさ。

吉村　僕は荒川区の区民栄誉賞というのを貰った。荒川区日暮里町の生まれだからね。第一回の受賞者がプロボクサーなんだ。元世界チャンピオンかなんからしい。それでいいじゃない。賞なんて、あ、またお祭りの季節か、ご褒美貰えるのか、くらいに考えたらいいんですよ。これから気持ち入れ替えなさいよ。

城山　ここは流儀が少々違ったね（笑）。

吉村　城山さんはストイックなの、その気持ちはわかる。だけど、こっちはぐにゃぐにゃなんだから。

城山　吉村さんは、これまでの人生であれだけはしておきたかった、ということある？

吉村　どうかなあ……。

城山　僕はね、外国で暮らしたかった。オーストラリアの大学から二年間、講師に来てくれって話はあったんだけど、たまたまオーストラリアに駐在していた親友に「絶対やめろ、こんなノンビリした国に二年もいたら、作家として使いものにならなくなるぞ」と言われて、断わったの。だけど、今思うと、一年か二年、どこでもいいから住んでみたかったなと。そういうことは思わない？

吉村　僕は外国だめだから。言葉がだめで、今まで二回しか行ったことない。エッセイに書いたことがあるんだけど、Hさんって編集者がいるでしょう。彼は僕くらい英語ができないの。なのにアメリカに出張してね、とにかく空港でタクシーに乗って、ホテルの名前を言うことはできるから、ホテルには着けた。フロントで、自分の耳と口を指さしてから、手でバツマークをしたんだ。英語は喋《しゃべ》れない、わかんないって。そしたらフロントマンがにこやかに笑って、連れていってくれたのが、ヘレン・ケラー協会のパーティ会場。耳と口が不自由だから（笑）。日本代表だと思われた（爆笑）。Hさんはまた調子のいい人だから、黙ってニコニコしながら、握手したり、みんなにビールついでやったりしてね（笑）。僕が外国行っても、そんな感じですよ。

だいたい僕、旅行って二泊が限度なんです。

城山　外国がだめ？

吉村　国内も。長崎でも二泊三日で帰ってくる。調べものや取材でも、だいたい二時間で終わるでしょう。人に話を聞いても、二時間たつともう雑談ですもの。だから取材旅行と言っても、二日あればあくびが出ちゃうね。それで二泊三日が癖になってるから、外国なんかとても行けない。

城山　あなたの主人公たちはよく旅をするのにね（笑）。高山彦九郎とか高野長英とか。川路聖謨《かわじとしあきら》なんか、駕籠《かご》も使わず、歩きつづける男だしね。

吉村　この人たち、よく歩くなあ、と思いながら書いてますよ。歴史小説を書いていると、午後二時になると、「ああ、いま八つか」なんて思っちゃう（笑）。タクシー乗ってても、四つ角が見えると、「あの辻《つじ》を右へ」（笑）。座標軸がそっちに行ってるから、なかなか元に戻らない。

夢って見るでしょう？　高野長英を書いている時には、目明かしに追われる夢をずいぶん見たんです。うなされるわけ。女房が起こしてくれてね、「あなたまた目明かしの夢見たの」なんて。

城山　小説のことを明け暮れ考えているからだろうね。僕は、主人公が夢に出てきてくれると、ああ、これでこの小説は書けるなっていう気がする。でも、楽しい夢なんて見たことない、うなされる夢ばっかり。うちのは時々、寝てて笑うからね、あれ、楽しい夢を見てるんだろうな。

今度生まれる時は女だね。そう思わない？

吉村　女は丈夫だからね。女房によく言ってるの、女というのは死ににくい生き物だって。女流作家を見なさいよ、みんな長生きだもの。死ぬのは男の作家ばっかり。

城山　だけど吉村夫人、津村節子さんっていうのは、稀《まれ》にみるいい奥さんですね。だいたい両雄並び立たずなのに、吉村家は両雄並び立ってってさ、ちゃんと仕事をされてきた。感謝してる?

吉村　感謝してる（笑）。二人でね、俺たち奇跡だなって言うもの。

城山　はあー。本人が思ってるんだからね（笑）。なんですか、そのコツは。

吉村　お互いの小説を読まないことですよ。僕は女房の芥川賞受賞作も読んでない。女房のほうも、『戦艦武蔵』ぐらいしか読んでないんじゃないかな。それに家では小説の話は一切しない。

城山　一緒に旅行なんかもされますか。

吉村　僕は無趣味だから、仕事の旅しかしませんからね。女房と二人で、ただ楽しみだけの旅というのはしないな。憩《いこ》いの場所が一つあってもいいなと思って買った、越後湯沢のマンションの小さな部屋に行くくらいですかね。二泊三日でね（笑）。

城山さんは、新幹線に乗ってても本を読んでるんでしょう?

城山　昼間から駅弁を肴《さかな》に飲む時もあります（笑）。このごろは目が疲れるからね。

吉村　僕は一切読まない。いつも空を見てる。

城山　景色じゃなくて空を？

吉村　そう。それで子供のころを思い出したりね。常に幸せだなと思う。思うようにしてるの。今や、朝起きるといつも幸せだなと思うようになった。

城山　ふーん（笑）。

吉村　加山雄三じゃないけど、幸せだなあ、ボクは、と思う（笑）。胸の中でそう呟《つぶや》くの。それで起きる。

城山　毎日毎日、朝起きるたびに幸せって思うの？

吉村　バカだって言いたいんでしょう（笑）。

城山　季節の変わり目で、花の匂いで幸せを感じるとかね。それならわかるけど。毎日という人はあんまりいないですよね（笑）。

吉村　城山さんは、朝起きるとまず何を思う？

城山　やっぱり今日やる仕事のこととかね。楽しくないというより、早く仕事場に行かなくちゃならないと思って、一刻も早く仕事場へ行く。

吉村　仕事場へ行って海を見るんだ。幸せだなあ（笑）。

城山　見ないよ。海なんて、そう毎日は見てられないですよ。海は変化ないから、見てるとボケる気がする（笑）。むしろ山は春夏秋冬変わるでしょう、だから年を取ったら山の見えるとこに住めと言う人がいますね。そうすると座りながら変化を楽しめるから。

あなた、不幸せだなと思うことないの？

吉村 ない（笑）。僕は新幹線に乗って、空を見ていると、幸せだなと思えるんだから簡単ですよ。

城山 曇り空でも？

吉村 なんでもいいの（笑）。雨が降ろうと。

城山 そういう時は、普通の人は「空が見えない」と言うんだけどね。

吉村 雲見てるといいじゃないですか。雨見てればいいじゃないですか。いいことばっかり考えるの。幸せだなあ、ボクは（笑）。

城山 なんかもう宗教みたいだね、しあわせ教だね（笑）。まったくない、宗教？

吉村 宗教？　ぜんぜんないです。

城山 縁起もかつがない？

吉村 かつがない。幸せなんだから（爆笑）。だって幸せな人、宗教に入る必要ないじゃない。

城山 それはいつからですか。結核の時はそうでもないでしょう。

吉村　三、四年前からかな。

城山　三、四年前、何が起こったんですか。

吉村　変なこと考えないようにした。朝、「ああ、昨日はあんなこと言っちゃって」とか考えない。でも、大体、昔からそうですよ。幸せでした（笑）。あんまり怒ったことないしね。

城山　じゃあ、もう時効だろうから聞くけど、芥川賞に決まりましたと電話がかかってきたのに、受賞できなかった事がありましたよね。あれはひどい事件だと思うけど、あの時も怒らなかった？

吉村　怒らない。仕方ないなと思った。それだけ。

城山　それだけ？　宇能鴻一郎《うのこういちろう》さんが受賞した時ですよね。誰か、ちゃんと謝った？

吉村　だって怒ってないんだから。

選考会の日、「芥川賞に決まりました。記者会見がありますので至急来てください」と電話があってね。兄の運転する車で会場に着くと、文春の編集者たちが変な顔、気の毒そうな顔してるんだ（笑）。妙な雰囲気だなと思ってたら、「実は、だめになりました」と。

城山　なんで、そんなことになったの？

吉村　一度は二作受賞に決まってたんですって。だから僕にも連絡したらしいの。でね、井伏鱒二《いぶせますじ》さんが選考会に欠席していて、念のために電話したら、別の作品を推してたんだけど、その二作なら宇能さんの方だと言われたんだそうです。で、宇能さんだけの受賞になった。

城山　おかしいじゃない。

吉村　いいの。あの時、候補になった小説（「透明標本」）は「文學界」で没になって、同人雑誌に載せた作品なんです。そしたら、「文學界」を出している文藝春秋の芥川賞で候補にしてくれた。それでもう満足してたんです。まして、あわやというところまで受賞を争って、選考会で評価されたんだから、ありがたいなと思った。幸せだなと思ったよ（笑）。

城山　うーん（笑）。

吉村　それにね、今から思っても、あそこで受賞してたら僕はだめになったんじゃないかな。あの頃書いてた路線のものばかり書いて、いつか袋小路《ふくろこうじ》に入ったと思う。受賞が必ずしも将来のためにならない作家っているでしょう。僕もそうなったと思うんだ。受賞しなかったから、『戦艦武蔵』を書けたんだし、自分の小説の世界を広げられたという気がするのね。だから今でもありがたいと思ってる。

城山 偉いねえ。何か、ありがたい人のお話を聞いてるような気がしたな。やはり、しあわせ教つくって、教祖らしいことしてよ。僕も入るから（笑）。

（一九九八年）

解説

江上剛

私が城山三郎さん（親しみを込めて『さん』づけで書かせてもらう）の本を読み始めたのはサラリーマン（銀行員）になってからだ。学生時代はドストエフスキーやバルザックなど古典ばかり読んでいて、失礼だけど城山さんの書かれる小説にはまったく関心がなかった。

ところが銀行という組織の中で多少とも窮屈さ生き辛《づら》さを感じるようになると、やっと城山文学の良さが分かり、文字通りむさぼり読んだ。「男子の本懐」「落日燃ゆ」「官僚たちの夏」等《など》など。城山ファンの多くは私と同じではないだろうか。組織人としての生き方を悩み始めてこそやっと城山文学の深さが実感できるのだ。その理由は本書に収録された「君のいない一日が、また始まる」を読めば理解できる。そこには城山さんが文学を志した時の思いが記されている。それは情熱というより、もっと切羽詰まっている。「少年兵としての戦争体験によって、『巨大な組織が、小さな個人の生死を左右することは許されるか』『個人は、ついに組織に負けるしかないのか』というテーマ」に答えるために城山さんは小説を書いた。

城山さんは、志願して軍隊に入る。昭和二十年春のことだ。海軍特別幹部練習生として海軍砲術学校分遣隊で訓練を受けた。広島に原爆が落ちた時、それを呉《くれ》の近くから見ていた。そのことを本書収録の吉村昭さんとの対談（「同い歳《どし》の戦友と語る」）で「すぐそばに雷が十個くらい一挙に落ちた感じがした」と語っている。実は、城山さんより二歳上の私の父も十八歳で志願して海軍に入隊し、大竹海兵団で砲術訓練を受けた後、呉で特殊潜航艇の訓練を支援していた。尋常小学校卒の父は、当然のことながら城山さんのような幹部候補生ではない。しかし同じ海軍ということですれ違ったことくらいはあったかもしれない。

城山さんは軍隊内の異常性について「とくに下士官はリンチが楽しみだったんです。虐《いじ》めることへの喜びがあった、虐めることが生き甲斐《がい》だった」（「同い歳の戦友と語る」）と話す。父も相当虐められたらしく、生爪《なまづめ》を剝《は》がされた痕《あと》を子供の私に見せたことがある。父は、広島に原爆が落ちた翌日、呉からボートを漕《こ》ぎ、救援に入った。そこで地獄を見た。城山さんは「広島に救援にいった部隊は二次被曝《ひばく》をしてしまいました」（同）と言うが、これは父の属していた部隊のことだろう。父は被爆手帳を拒否し、生涯日の丸を掲げなかった。国家が行う戦争の馬鹿《ばか》さ加減にほとほと嫌気がさしたしたからだ。

国家という組織に個人として抗《あらが》うことができるのか。それは会社という組織に抑圧されるサラリーマンとの共通のテーマだ。このテーマに挑んだ城山文学が、私を含む組織で働く人々の共感を呼ぶのは当然のことだった。それまで誰も小説に書かなかったのだから。

城山さんのホームコースである茅《ち》ヶ崎《さき》のスリーハンドレッドクラブで数回、ゴルフをご一緒させていただいたことがある。ちょうど城山さんが個人情報保護法成立に激しく反対されている時だったと記憶している。この法案が表現の自由を抑圧し、言論弾圧に結びつくことを城山さんは非常に警戒されていた。石原慎太郎さんが同じ日にプレーされたことがあった。プレー終了後の会食時、「慎太郎を呼ぼう」と城山さんが提案され、石原さんが同席。そこで城山さんは赤ワインを傾けながら石原さんに「あまり右に行くなよ」と忠告したのだ。石原さんは「私は中道ですよ」と返事された。私はこの二人のやりとりに強く胸を打たれた。たとえ遊びの場であっても、国家が個人を抑圧することに対する懸念を政治力のある石原さんに伝えておこうとする城山さんの執念のようなものを感じたからだ。

　この城山さんの執念をよく表し、私が城山作品の中で最高に好きなのはA級戦犯広田弘毅を描いた「落日燃ゆ」だ。城山さんは「同い歳の戦友と語る」の中で、最初は「戦争をひとつ、書こう」と思ったのだが、広田を調べれば調べるほど彼への関心が深まり「徹底的に広田さんの中に入っていこう」と思ったと話している。それに対して吉村昭さんは「『落日燃ゆ』は、やはり城山さんが自分自身のことを書いたということになってしまう」と感想を言う。城山さんから聞いたことがある。広田は、絞首《こうしゅ》刑《けい》となったA級戦犯でただ一人の文官。東京裁判において戦犯の軍人たちは讒言《ざんげん》により仲間を売り、他人へ責任をなすりつけたが、広田だけは一言の弁解さえしなかった。その己を徹底的に恥じ入る姿勢に打たれたと……。論語に「己を行うに恥あり」という言葉がある。全身全霊をかけて行動し、その結果について恥を知り、一切の言い訳をせず責任を取るのが真のリーダーであるという意味だ。城山さんは広田に本物のリーダーの姿を見たのだろう。そしてそれが自分の生き方に重なったに違いない。

　本書収録の「よみがえる力は、どこに」の中に「軟着陸をしない人生」という章がある。「老後であろうと、着陸を考えずに、なお飛び続けることはできないのか」と自問したものだ。そこで田中正造を採り上げている。田中は晩年の全《すべ》てを足尾鉱毒事件に捧《ささ》げ、野垂れ死に同然で亡《な》くなったのだが、城山さんは「戦いの中で野垂れ死にすることこそが自分の栄光であり、納得のいく人生の結び方だという信念を貫いた」人物であると、田中を高く評価している。広田の戦犯となり絞首刑という最期《さいご》も首相まで上り詰めた人物としては野垂れ死に同然と言ってもいいだろう。しかし田中同様に従容《しょうよう》として死に赴くことこそが「自分の栄光」だと悟っていたに違いない。

また「人間は負けるように造られていない」という章で、軟着陸をしない生き方を貫いた人たちを紹介しながら「(人生は) 報われないことも多いけれど、それでもやり続ける」ことが負けない人間の姿だと感嘆したと城山さんは言う。広田、田中など、他人の評価を気にせず報われない営みを続ける、負けない人間。それは城山さんそのものだと私は思う。

先日、組織の閉塞感《へいそくかん》に悩む企業の中堅幹部の前で講演をした。その際、「一期は夢よ ただ狂へ」の章にある「一人の人間の内側には、四人の人間が住んでおり、それぞれが兵士、判事、芸術家、探険家の役割を担《にな》っている」というアメリカ人の能力開発学者のたとえに対する「探険家が一番眠ってしまいやすいから、注意しないといけません」「常に自分の探険家を元気に、活発にさせておかないといけない」という城山さんの言葉を紹介させていただいた。これには驚くほどの反響があり、参加者の多くが「探険家を目覚めさせます」とアンケートに記入した。嬉《うれ》しかったのだが、正直に言うと、城山さんの言葉は私のより、何倍も力強く組織人の心に刺さるんだなぁとちょっぴり悔しい思いをしたのも事実だ。

「君のいない一日が、また始まる」という遺稿は、愛妻家だった城山さんが妻容子さんにささげたものだ。これは愛妻を亡くした男の女々しい記録などではない。冒頭にいきなり妻に二度も中絶を強いた告白が出てくる。あの城山さんが……と思うと、衝撃を受けた。同時に城山さんは経済小説の開拓者と評されるが、実は優れた私小説作家でもあったのだと思い至った。最も表にしたくない自分の身勝手さ、醜さを余すことなく抉《えぐ》り出すことで、それと対照的な容子さんの妖精《ようせい》的な純粋さと彼女を失った悲しみが際立《きわだ》ち、私の涙を誘う。

「久々に妻の笑顔よ夢醒《さ》めて闇《やみ》ひろがりぬ闇きわまりぬ」と城山さんは、容子さんの夢から醒めた孤独を詠《うた》う。私は、この歌を声に出して詠じた時、これは城山三郎という精神性の高い小説家を失った悲しみそのものだと思った。「闇ひろがりぬ闇きわまりぬ」とは私たち城山文学の読者の喪失感を端的に表している。

しかしそんなことを言うと城山さんに叱《しか》られるだろう。「よみがえる力は、どこに」の中で城山さんはヘミングウェイの「作家はおのれが語るべきことを書くべきであって口にすべきではない」という言葉を紹介している。作家は書くべきだ、書いたものが全てだと城山さんは言っているのだ。
私たちには「君（城山さん）のいない一日が、また始まる」のではない。私たちには城山さんが残された城山文学があるではないか。本書を読み、その思いを強くして、私は勇気づけられたのである。

（平成二十八年十二月、作家）

「よみがえる力は、どこに」は一九八一年十一月二十一日三浦市南下浦市民センターおよび九〇年十月二十七日の神奈川近代文学館の講演などを基に構成。「君のいない一日が、また始まる」は新発見された遺稿を編集部が整理した。「同い歳《どし》の戦友と語る」は、吉村昭氏との対談「あの戦争とこの半世紀の日本人」「語りつぐべきもの」(共に城山三郎対談集『失われた志』文春文庫所収)「きみの流儀・ぼくの流儀」(同『「気骨」について』新潮文庫所収)を再編集したものである。

この作品は平成二十四年六月新潮社より刊行された。

城山三郎著
無所属の時間で生きる
どこにも関係のない、どこにも属さない一人の人間として過ごす。そんな時間の大切さを厳しい批評眼と暖かい人生観で綴った随筆集。

城山三郎著
そうか、もう君はいないのか
作家が最後に書き遺していたもの——それは、亡き妻との夫婦の絆の物語だった。若き日の出会いからその別れまで、感涙の回想手記。

城山三郎著
少しだけ、無理をして生きる
著者が魅了され、小説の題材にもなった人々の生き様から浮かび上がる、真の人間の魅力、そしてリーダーとは。生前の貴重な講演録。

三浦朱門著
老年の品格
妻・曽野綾子、吉行淳之介、遠藤周作ら錚々たる友人たちとの抱腹絶倒のエピソードを織り交ぜながら説く、人生後半を謳歌する秘訣。

吉村　昭著
戦艦武蔵
菊池寛賞受賞
帝国海軍の夢と野望を賭けた不沈の巨艦「武蔵」——その極秘の建造から壮絶な終焉まで、壮大なドラマの全貌を描いた記録文学の力作。

吉村　昭著
零式戦闘機
空の作戦に革命をもたらした〝ゼロ戦〟——その秘密裡の完成、輝かしい武勲、敗亡の運命を、空の男たちの奮闘と哀歓のうちに描く。

高杉　良著

王国の崩壊

業界第一位老舗の丸越百貨店が独断専横の新社長により悪魔の王国と化した。再生は可能なのか。実際の事件をモデルに描く経済長編。

高杉　良著

小説ヤマト運輸

配送革命「クロネコヤマトの宅急便」は、いかにして達成されたのか――。新インフラ誕生の全貌を描いた、圧巻の実録経済小説。

高杉　良著

虚像の政商（上・下）

大泉内閣の陰で暗躍し、強欲の限りを尽くした男、加藤愛一郎。拝金主義で日本経済を壊した「平成の政商」を描く経済小説の金字塔。

寺島実郎著

若き日本の肖像
―一九〇〇年、欧州への旅―

漱石、熊楠、秋山真之……。二十世紀の新しい息吹の中で格闘した若き日本人の足跡を辿り、近代日本の源流を鋭く見つめた好著。

藤原正彦著

心は孤独な数学者

ニュートン、ハミルトン、ラマヌジャン。三人の天才数学者の人間としての足跡を、同じ数学者ならではの視点で熱く追った評伝紀行。

河合隼雄著

働きざかりの心理学

「働くこと＝生きること」働く人であれば誰しもが直面する人生の〝見えざる危機〟を心身両面から分析。繰り返し読みたい心のカルテ。

よみがえる力《ちから》は、どこに

新潮文庫　し－7－37

平成二十九年三月一日発行

著者　城《しろ》山《やま》三《さぶ》郎《ろう》

発行者　佐藤隆信

発行所　株式会社 新潮社

郵便番号　一六二―八七一一
東京都新宿区矢来町七一
電話　編集部(〇三)三二六六―五四四〇
読者係(〇三)三二六六―五一一一
http://www.shinchosha.co.jp

価格はカバーに表示してあります。

印刷・二光印刷株式会社　製本・憲専堂製本株式会社

ISBN978-4-10-113338-6 C0195